George Balanchine

Schlaflose Nächte mit Tschaikowsky

Das Leben Balanchines
in Gesprächen mit Solomon Volkov

Aus dem Amerikanischen
von Heide Sommer
und Oivin Ziemer

Vorwort von
Maurice Béjart

Titel der Originalausgabe:
Balanchine's Tchaikovsky, Conversations with Balanchine on His Life,
Ballet and Music by Solomon Volkov.
Erschienen 1992 bei Anchor Books Edition, Doubleday, New York;
(Hardcover-Ausgabe 1985 bei Simon & Schuster).
© 1985 Solomon Volkov, in Zusammenarbeit mit Doubleday,
einem Unternehmen der Bantam Doubleday Dell Verlagsgruppe.
Übersetzung des russischen Originalmanuskripts ins Amerikanische
von Antonina W. Benois.
Vorwort von Maurice Béjart: L'Arche Editeur, Paris.

Die Deutsche Bibliothek – CIP-Einheitsaufnahme

Volkov, Solomon:
Schlaflose Nächte mit Tschaikowsky : das Leben Balanchines
in Gesprächen mit Solomon Volkov / George Balanchine. Aus
dem Amerikan. von Heide Sommer und Oivin Ziemer. Vorw.
von Maurice Béjart. [Übers. des russ. Orig.-Ms. ins Amerikan.
von Antonina W. Benois]. – Weinheim : Beltz, Quadriga, 1994
Einheitssacht.: Balanchine's Tchaikovsky ⟨dt.⟩
ISBN 3-88679-220-X
NE: Balanchine, George:

© 1994 Quadriga Verlag, Weinheim, Berlin
Satz: Fotosatz Horst Kopietz, 69502 Hemsbach
Druck: Druckhaus Beltz, 69494 Hemsbach
Lektorat: Manuela Runge
Herstellung: Iris Müller
Umschlaggestaltung: Dieter Vollendorf
Printed in Germany
ISBN 3-88679-220-X

Inhalt

Vorwort von Maurice Béjart

Es war Ende der vierziger Jahre, da entdeckte ich in Paris einen magischen Ort: das „Studio Wacker", ein Relikt des zaristischen und ballettbesessenen Rußland, wunderbar anachronistisch mit seinem Schmutz, seinen Holzverkleidungen und Goldverzierungen; ein Tempel des Spitzentanzes, eine privilegierte Enklave (so etwas wie der Berg Athos oder ein San Marino des Tanzes), wo eine seltsame Fauna überlebte, vollkommen unberührt von der Revolution 1917, vom zeitgenössischen Paris und den Problemen der Nachkriegszeit.

Die Priesterinnen, die dort die Messe zelebrierten, hatten alle den kleinen George Balantschiwadse gesehen, der einst an der Kaiserlichen Ballettschule von St. Petersburg zu tanzen begann; und es war noch in Petrograd, wo der junge Balanchine mit neunzehn Jahren seine ersten choreographischen Versuche unternahm, bevor er ein Jahr später, 1924, Rußland verließ.

Ähnlich dieser wunderschönen Hängebrücke, die nördlich von Istanbul Europa mit Asien verbindet, die einzige Brücke der Welt, die zwei Kontinente vereint, verbindet Balanchine – zweifellos der größte Choreograph aller Zeiten – die Tradition des klassischen Balletts mit der äußersten Modernität.

Obwohl er in der Tradition Marius Petipas, Chochettis und des großen akademischen Balletts steht, ist er dennoch

Aus dem Französischen von Sylvia Koch

in höchstem Maße modern und vollkommen, moderner als manch ein Schöpfergeist unserer Epoche; er verkörpert jene klar erkennbare Modernität eines Picasso, Paul Klee, Giacometti oder Pierre Boulez, die schon im Augenblick ihrer Geburt klassisch ist, jedoch niemals die Fähigkeit verliert, Befremden, tiefe Erschütterung hervorzurufen und etablierte Werte in Frage zu stellen, was zum Wesen der Modernität gehört.

Nie in Mode, nie unmodern, bleibt Balanchines Ausgangsbasis zum Nachdenken für alle diejenigen, die bestrebt sind, sich auf die Reise in das Land von Bewegung und Geste, von Raum und Zeit zu begeben. Einzigartig, ohne Schüler (die Epigonen sind nur miserable Nachahmer), bleibt er glatt, glänzend und geheimnisvoll wie ein Spiegel, der gleichzeitig reflektiert und Fragen stellt.

Er ist ein Mann der Gegensätze, ein vornehmer Herr mit lässigem Aussehen, ein Arbeitstier, asketisch und lustbetont, Kopfmensch und sinnlich, offen und sehr geheimnisvoll, mathematisch und melodisch, mit extremer Leichtigkeit schwer arbeitend… Auch hier verbindet er zwei Epochen, und seine Ballette, die zum Zeitalter der Weltraumfahrt gehören, haben den Duft der Tänze bei Hof, die von Ludwig XIV. bis Nikolaus II. Girlanden ineinander verflochtener Arme entrollen.

Ich habe Unterricht bei Frau Preobrashenska, sie sagt nichts an diesem Morgen, keine Verbesserung, ich bin nicht einmal sicher, ob sie mich überhaupt sieht; am Tag zuvor hatte ich ihr Freikarten für meine Ballettabende im Théâtre de l'Etoile gegeben. Als der Unterricht zu Ende ist, sagt sie: „Ach ja, du sagst, du bist Choreograph, mag sein, aber man ist kein wirklicher Choreograph, solange man nicht Tschaikowsky begegnet ist!"

Viele Jahre später sitze ich mit Balanchine allein an einem kleinen Tisch im „Russian Tea Room" in New York, es war einige Tage nach der Premiere meines Balletts *Nijinski Clown de Dieu* in dieser Stadt, die Musik war teils von Pierre Henry, teils von Tschaikowsky.

Langes Schweigen. Ich, ganz verstört in der Gegenwart des bewunderten Meisters; er, ziemlich schüchtern, glaube ich... Dann stellt er sein Glas Wein auf den Tisch und sagt auf einmal: „Suzanne hatte in Ihrem letzten Ballett ein sehr hübsches Kleid an." Ich werde rot. Wenn man mit einem Choreographen über die Kostüme seines Balletts spricht, dann gibt es gewöhnlich über die Choreographie nicht viel zu sagen.

Er bemerkt meine Verwirrung und fährt fort: „Wissen Sie, ich liebe schöne Kostüme, die von schönen Tänzerinnen getragen werden." Ich muß an den Filmemacher Max Ophüls denken, der erklärte: „Kino, das sind schöne Frauen, die schöne Dinge tun."

„Ich weiß nicht warum", sagt Balanchine weiter, „aber ich entwerfe immer zunächst schöne, komplizierte Kostüme für meine Ballette, und dann, nach und nach, entweder während der Proben oder manchmal auch nach der Premiere und einigen Vorstellungen, verschwindet alles, es bleibt nichts mehr übrig. Ich liebe die Schmucklosigkeit, trotzdem fühle ich mich irgendwie frustriert, deshalb bewundere ich auch diejenigen, die den Mut und das Können besitzen, Kostüme zu präsentieren."

Großes Schweigen... Wir essen etwas (d.h., er ißt, ich kann vor Aufregung nicht essen), wieder stellt er sein Glas auf den Tisch (er liebte und kannte sehr gute Weine) und sagt: „Vielen Dank für Tschaikowsky, Sie haben die *Pathétique*, vor allem den letzten Satz, ziemlich gut verstanden, glaube ich... Strawinsky liebte Tschaikowsky und hat ihn gegen das Unverständnis vieler Musiker seiner Zeit verteidigt... Es gab kaum eine Arbeitssitzung mit ihm, in der wir nicht anfingen, über Pjotr Iljitsch zu sprechen..." (Es vergeht einige Zeit.) „Ich glaube nicht, daß man das Werk *Sacre du printemps* choreographisch darstellen kann, aber wenn ich es in meiner Truppe inszenieren müßte, würde ich Ihr *Sacre* wählen... allerdings weiß ich nicht, ob meine Jungs das leisten könnten, was Ihre leisten."

Einige Zeit später war Suzanne Farrell die Auserwählte dieses *Sacre*. Sie gab meinem Repertoire und meiner Arbeit neues Feuer. Ihr verdanke ich, daß ich das grenzenlose Genie Balanchines, das auf Strenge (das ist bekannt), aber auch auf Freiheit, Vitalität und persönlicher Interpretation (das ist weniger bekannt) beruht, wirklich kennengelernt und verstanden habe.

Wenn bei Suzannes Rückkehr nach New York fünf Jahre später die Kritik meinte, daß sie durch ihre Zeit mit mir in Europa Fortschritte gemacht hatte, so meine ich, daß ich ihr und ihrem Meister zu verdanken habe, den tiefen Sinn der choreographischen Gestaltung allmählich zu durchschauen.

Es ist Nacht. Das *Kinderalbum* spielt neben mir, ich schreibe, meine Katzen schauen mich an, und ich denke an jenen „Prinz der Katzen", der, unsterblich, irgendwo im interstellaren Raum tanzt, während er das Orchester der Planeten dirigiert.

Solomon Volkov: Einführung

Am 14. Februar 1981 lernte ich durch einen außergewöhnlichen Zufall den Choreographen George Balanchine kennen. Es geschah auf dem Broadway, nicht weit vom Lincoln Center, neben einem kleinen Geschäft namens Nevada Meat Market. Ich erkannte Balanchines Gesicht und seinen charakteristischen Gang und beschloß ganz impulsiv, mich ihm zu nähern, obgleich wir uns nicht kannten. Ich begrüßte ihn auf russisch *(„Dobryi den, Georgi Melitonowitsch!")* und stellte mich vor. Balanchine, dem es offenbar nicht unangenehm war, von einem russischen Emigranten, den er gar nicht kannte, angesprochen zu werden, blieb stehen und begann eine Unterhaltung mit mir. Die Zeitungen hatten gerade erst darüber berichtet, daß er mit seiner Compagnie, dem New York City Ballet, ein Tschaikowsky-Festival plante. Wir fingen an, über Tschaikowsky zu sprechen.

Oder besser gesagt: Balanchine sprach. Ich machte gelegentlich kleine Einwürfe. Was ich hörte, erstaunte mich. Hier war ich nun, ein sechsunddreißigjähriger Musikwissenschaftler aus der Sowjetunion, und dachte, ich wüßte alles über Tschaikowsky; doch dieser entspannte, grauhaarige Mann, der Rußland vor siebenundfünfzig Jahren – im Alter von zwanzig – verlassen hatte, diskutierte Tschaikowsky aus einer Sicht, die in der Sowjetunion kaum erforscht war. Er sprach von Tschaikowsky als einem großartigen Handwerker, einem genialen „Goldschmied", der mit Fleiß und Sorgfalt an seinen Kompositionen arbeitete, während er den Eindruck von künstlerischer Lässigkeit und Spontaneität vermittelte.

Balanchines brillante und paradoxe Argumentation flößte mir Respekt ein. Doch auch meine wenigen Bemerkungen müssen Balanchine irgendwie beeindruckt haben, denn er unterbrach seinen Vortrag abrupt und schlug vor: „Schreiben Sie darüber." „Was meinen Sie?" „Schreiben Sie über Tschaikowskys handwerkliches Können", erläuterte er. „Für das Programmheft unseres Festivals." Er verabschiedete sich und ging in das Schlachtergeschäft. Ich blieb völlig verblüfft zurück. Damals wußte ich noch nicht, daß Balanchine häufig derartige Entschlüsse bei zwanglosen Unterhaltungen auf der Straße faßte.

Zu Hause angekommen, notierte ich mir sofort jede Einzelheit aus der Unterhaltung mit Balanchine. Dann versuchte ich, Balanchines Gedanken so prägnant wie möglich in einem kurzen Essay über Tschaikowsky in russischer Sprache festzuhalten und schickte ihm das Manuskript zu. Offensichtlich fand dieser seine Zustimmung, denn er erschien dann in englischer Übersetzung in der Festschrift des New York City Ballet zu dessen Tschaikowsky-Festival.

Einer der Gründe, warum das für mich eine so überaus bemerkenswerte Erfahrung war, ist die Tatsache, daß ich Tschaikowsky über alles liebte und die Meisterschaft des Komponisten *gefühlsmäßig* erfaßte. Balanchine *wußte* indes genau, warum Tschaikowsky so großartig war, und er machte sich die Mühe, es zu erklären und mir, einem Musikwissenschaftler, verständlich zu machen.

Noch ehe das Tschaikowsky-Festival begann, traf ich mich mehrere Male zu Gesprächen mit Balanchine; einige nahm ich mit seiner Genehmigung auf Tonband auf, von anderen machte ich mir stenographisch Notizen. Während Balanchine in seinem Büro im State Theater des Lincoln

Center auf einem Holzstuhl saß – ein Stuhl, zu dem ihm, wie er mir sagte, sein Arzt wegen seines Rückens geraten hatte – entführte er mich auf eine atemberaubende Reise in die Vergangenheit.

Ein vollkommen neues, in vieler Hinsicht kontroverses Bild von Tschaikowsky entstand hier für mich, das weder zu dem „großen Humanisten und progressiven Künstler" sowjetischer Auslegung paßte noch zu dem sentimentalen, fast manisch-depressiven Komponisten der westlichen populären Biographien. Ein Genie sprach über ein Genie. Balanchine war während seines gesamten Lebens als Künstler mit Tschaikowskys Musik verbunden gewesen. Er hatte mindestens ein Dutzend bedeutender Ballett-Choreographien zu Kompositionen von Tschaikowsky geschaffen. Niemand kennt die Werke Tschaikowskys besser als Balanchine. Aber was noch bemerkenswerter ist: ich konnte eine tiefe persönliche Bindung spüren. Ich erkannte deutlich, daß Tschaikowsky für Balanchine noch lebte, daß er sich in ununterbrochener Zwiesprache mit dem Komponisten befand. Es lag eine zwingende Eindringlichkeit in Balanchines Ausführungen.

Das Bild, das Balanchine von Tschaikowsky malte, war höchst subjektiv; dennoch war es anschaulich und überzeugend. So war er, Balanchines Tschaikowsky: Petersburger bis ins Mark; ein hochgebildeter „Europäer aus Rußland", der sich in der westlichen Kultur bestens auskannte; doch ebensosehr ein echter russischer Patriot und getreuer Monarchist und selbstverständlich ebenso gläubig wie Balanchine selbst.

Balanchine fühlte sich zu Tschaikowsky, dem Handwerker, hingezogen, der in seinen Werken für Bühne und Musik akribisch genaue Anweisungen gab, der bereitwillig jeden Kompositionsauftrag annahm und sich nicht genierte, einige seiner Werke seine „Waren" zu nennen. Balanchine sprach mit Hingabe über Tschaikowsky, den Erneuerer, der das musikalische Vokabular mit kühnen neuen Harmonien und äußerst feinen Farben bei der Instrumentierung bereicherte. Verständlicherweise wurde er nie müde, Tschaikowskys unvergleichliche Ballettmusiken hervorzuheben, die althergebrachte Regeln der Kompositionskunst auf den Kopf stellten und für zukünftige Komponisten und Choreographen eine befreiende, ja revolutionäre Rolle spielten. Ganz allmählich fing ich an zu verstehen, was Balanchine mit seiner scheinbar paradoxen Aussage über Tschaikowsky meinte, als er bei der Eröffnung des City-Ballet-Festivals sagte: „Ich halte Tschaikowsky nicht für romantisch, ich halte ihn für modern."

Gleichzeitig beeilte sich Balanchine, die einflußreichen kulturellen Traditionen der russischen Vergangenheit in Erinnerung zu rufen, indem er die Namen der Götter aus Tschaikowskys persönlichem Tempel heraufbeschwor – des Dichters Alexander Puschkin und des Komponisten Michail Glinka. Hier folgte Balanchine in seiner Auffassung einem wichtigen modernistischen Prinzip. Wie George Steiner in seinem *After Babel* (1975) schreibt: „Wir wissen, daß die modernistische Bewegung, welche die Kunst, die Musik, die Geisteswissenschaften in der ersten Hälfte des Jahrhunderts dominierte, an einigen kritischen Punkten eine Strategie der Konservierung, der Vormundschaft war. Strawinskys Genius entwickelte sich in Phasen der Rekapitulation."

Natürlich war dieser Tschaikowsky Balanchine selbst sehr ähnlich. Es wurde mir immer klarer, daß sich Balanchine mit Tschaikowsky identifizierte, daß er – wenn er von Tschaikowsky sprach – ebenso sich selbst meinte. Für Balanchine, der ein sehr umsichtiger und überaus privater Mensch ist, war dies ein Weg – ein typisch petersburgischer übrigens – einige seiner bestgehüteten Gedanken, Meinungen und Selbstzweifel zu offenbaren. Balanchine definierte seine eigenen ästhetischen und moralischen Urteile, indem er sie mit denen Tschaikowskys verglich. Das Bild, das er von Tschaikowsky zeichnete, war gleichzeitig der – vielleicht unbewußte – Versuch eines Selbstporträts.

Ich fühlte mich verpflichtet, dieses einzigartige Doppelporträt zu konservieren und es in Balanchines eigenen Worten der Öffentlichkeit zugänglich zu machen. Es war für mich eine Verpflichtung – mehr noch eine Pflicht: als russischer Mit-Emigrant, als ehemaliger Student des Konservatoriums, an dem beide, Tschaikowsky und Balanchine studiert hatten, und als glühender Verehrer der Kunst dieser beiden Männer.

Also schrieb ich einen Brief an Balanchine und machte den Vorschlag, ein Kinderbuch über Tschaikowsky zu schreiben – etwas Einfaches und Unprätentiöses. Ich muß zugeben, daß dies ein Trick war, um Balanchines Interesse zu wecken. Inzwischen kannte ich nämlich genau seine Abneigung gegen kunstvoll ausgearbeitete, „tiefschürfende" Statements von gewaltiger Eloquenz. Ich kannte auch seine besondere Liebe zu Kindern und der Kindheit überhaupt – eine Liebe, die von so vielen Menschen geteilt wird, die schon in frühen Jahren Musiker, Tänzer oder Sportler geworden sind und dadurch sehr abrupt von der Kindheit in das Leben eines Erwachsenen hineinkatapultiert wurden.

Tschaikowsky selbst würde der „Ko-Autor" des Buches sein, schlug ich Balanchine vor. Er würde durch eigene Schriften repräsentiert. Balanchine sollte die Stellen, die ich aus den Briefen und Tagebüchern des Komponisten auswählen wollte, kommentieren. Ich würde diese Kommentare aufzeichnen, sie ordnen und redigieren. Es gebe einen großen Bedarf für solch ein Buch, argumentierte ich. Ich betonte die Merkwürdigkeit der Situation: viele Leute liebten Tschaikowskys Musik, aber viele genierten sich, ihre Wertschätzung und Bewunderung für den Komponisten zu zeigen, wie es die Liebhaber von Mozart, Beethoven oder Brahms tun. Balanchine sollte Tschaikowskys heimlichen Bewunderern helfen, sich zu offenbaren. Balanchines Kommentar zu Tschaikowsky, dem Petersburger, würde nicht nur wegen seiner engen Vertrautheit mit dessen „kaiserlicher" Musik ganz einzigartig sein; schließlich war Balanchine selbst, so schrieb ich ganz direkt in meinem Brief, einer der letzten noch lebenden Petersburger, einer im Aussterben begriffenen Art. Das Erbe von St. Petersburg lag – zerstört von den Stürmen der Geschichte – unter dem Wasser, wie Atlantis, und bald würde es niemanden mehr geben, der sich daran erinnern und davon erzählen könnte. In diesem Sinne würde das von mir geplante Buch einem doppelten Zweck dienen: als der definitive Führer zu Tschaikowsky und als wichtiger Weg zum Verständnis der großen russischen Kultur einer vergangenen Epoche.

Nachdem ich den Brief persönlich bei Balanchine abgegeben und erklärt hatte, daß ich zu schüchtern sei, über das Projekt direkt mit ihm zu sprechen, ging ich wieder und wartete gespannt. Schließlich rief mich Balanchines persönliche Assistentin Barbara Horgan an und teilte mir mit: „Er hält es für eine gute Idee."

Inzwischen ereignete sich eine kleine Episode, die mir vielleicht in dieser delikaten Angelegenheit weitergeholfen hat. Nach der Premiere der Neuinszenierung von Balanchines Ballett *Mozartiana* nach der Orchestersuite von Tschaikowsky, schickte ich ihm – wie üblich auf russisch – eine kleine Notiz. Eines Tages dann bat mich Barbara Horgan um eine englische Übersetzung des Briefes. Ich kam der Bitte nach, ohne zu fragen, warum. Erst später und rein zufällig erfuhr ich, daß Balanchine angeordnet hatte, meinen Brief im Programmheft zu *Mozartiana* zu veröffentlichen. Dies, so sagte man mir, habe einigen Wirbel in der kleinen, in sich geschlossenen Welt des New Yorker Balletts verursacht, hauptsächlich deswegen, weil – wie Arlene Croce es im *New Yorker* ungläubig kommentierte – „es Balanchine ganz und gar nicht ähnlich sehe, mit dem Brief eines Fans für eines seiner Ballette zu werben".

Ja, das sah Balanchine ganz und gar nicht ähnlich. Warum also tat er es? Ich zitiere meinen Brief: „Ihre Interpretation läßt die innere Traurigkeit und empfindliche Harmonie dieser Musik erkennen. Wie subtil in der *Gigue* der blühende Bogen von dem russischen Komponisten zu dem österreichischen Genie geschlagen ist! Der Tanz folgt nicht der Musik, indem er ihr Metrum und ihren Rhythmus widerspiegelt. Er benutzt die Musik als gewaltigen Kontrapunkt..." Für Arlene Croce war das Schlüsselwort in diesem Brief der „Kontrapunkt"; ein Kontrapunkt zwischen Musik und Tanz in Balanchines Ballett. Für mich war das Schlüsselwort „Bogen", denn die *Mozartiana*-Suite ist eine Hommage Tschaikowskys an seinen Gott Mozart; gleichzeitig war dieses Ballett aber auch eine Hommage Balanchines an Tschaikowsky, dessen Bindungen an die europäische Kultur und seiner meisterhaften Stilisierung in Petersburger Tradition.

Das Buch über Tschaikowsky, wie ich es vorgeschlagen hatte, würde ähnlich sein; lediglich würde Balanchine seine Hommage diesmal in Worten statt in tänzerischer Bewegung ausdrücken. Offenbar war er nicht mehr weit davon entfernt anzubeißen. Obgleich er für seine Skepsis gegenüber dem Wort als Mittel, Musik zu deuten, bekannt war, wollte er doch durch die Macht des gedruckten Wortes wenigstens einen Teil seines Wissens über Tschaikowsky und sein intuitives Verstehen überliefern.

Also begannen wir mit der Arbeit. Zu unseren Arbeitssitzungen (die gewöhnlich hinter der Bühne des State Theater-

stattfanden) wollte ich Karteikarten mitbringen, auf die ich Zitate aus Tschaikowskys Briefen und Tagebüchern getippt hatte und auch Erinnerungen von Freunden des Komponisten. Balanchine sollte dann in seiner unnachahmlich spontanen und widersprüchlichen Art diese Zitate kommentieren. Wie schon zuvor, nahm ich einige unserer Gespräche auf Tonband auf und machte mir von anderen Notizen in Kurzschrift. Balanchines Russisch war fehlerfrei, er hatte die alte Petersburger Aussprache, aber er durchsetzte seine Rede mit Wörtern und Redewendungen aus dem Französischen, Deutschen und Englischen. Es war ein Vergnügen, ihm zuzuhören.

Während der Jahre 1981 und 1982 führten Balanchine und ich dreiunddreißig Gespräche über Tschaikowsky. Unsere Treffen verliefen nicht immer reibungslos. Und jeder, der Balanchine kannte, hätte es auch nicht anders erwartet. Manchmal war er überhaupt nicht in der Stimmung zu reden. Häufig fand er meine Fragen dumm und wurde böse. Oder er wurde übertrieben höflich und machte mir Komplimente: „Sie wissen das alles viel besser als ich." Das bedeutete in der Regel nichts Gutes; er verschloß sich dann noch mehr als bei den Zusammenkünften, bei denen er sowieso schon verärgert war.

Diese Schwierigkeiten in der Zusammenarbeit mit Balanchine erinnerten mich an den Komponisten Dmitri Schostakowitsch, auch ein Petersburger, an dessen Memoiren ich in den frühen Siebzigern mitgearbeitet hatte, als ich noch in Rußland lebte. Beide, Schostakowitsch und Balanchine waren unberechenbar. Beide konnten gereizt und streitsüchtig sein, obgleich keiner von beiden jemals laut dabei wurde. Beide benahmen sich gelegentlich wie Kinder. Und das waren die schönsten Augenblicke. Aber Balanchine war das wesentlich elegantere Kind, dank seiner Erziehung an der St. Petersburger Mariinski Ballettschule.

Wenn er sprach, wurde das majestätische, zaristische Petersburg lebendig. Obgleich ich selbst vierzehn Jahre in dieser Stadt gelebt hatte (die inzwischen natürlich Leningrad hieß) und sogar einige der Menschen, über die Balanchine sprach, persönlich kannte – wie z. B. die Dichterin Anna Achmatowa und den Choreographen Fjodor Lopuchow –, erschien mir Balanchines Petersburg dennoch wie ein mir völlig neuer, magischer und geheimnisvoller Ort, ein Königreich, wo sich alles – aber auch alles – zutragen konnte.

Viele Male diskutierten wir die umstrittene Frage von Tschaikowskys viel zu frühem Tod in St. Petersburg. Balanchine war sich sicher, daß es Selbstmord war. Für ihn war das tragische Ende des Komponisten ein wichtiger Bestandteil der Legende Tschaikowsky. Die Moderne hatte sich den romantischen Mythos des verfolgten Künstlers zu eigen gemacht, den eine Gesellschaft von Philistern zum Tode verurteilt hatte, und ich konnte sehen, daß Balanchine von diesem Thema zutiefst erschüttert war. In seiner Choreographie der *Davidsbündler Tänze* überträgt Balanchine seine Besessenheit mit diesem Thema auf Schumann, ebenso im merkwürdigen und unvergeßlichen *Adagio Lamentoso*, einer absolut persönlichen Huldigung an Tschaikowsky, die er zur Musik der 6. Sinfonie des Komponisten, der *Pathétique*, geschaffen hat.

Ich provozierte Balanchine mit der Bemerkung, daß Tschaikowsky immerhin ein gläubiger Mensch war, für den Selbstmord eine Todsünde bedeutet hätte. Balanchine verblüffte mich mit dem Gedanken, es könnte sich um eine Art „Russisches Roulette" gehandelt haben. Ich hatte nie etwas Derartiges in den Spekulationen um Tschaikowskys Tod gehört. Hier tat sich eine neue und durchaus überzeugende Wendung auf. Jedenfalls gebe ich in diesem Buch Balanchines Argumentation so wieder, wie er sie mir dargelegt hat.

21

Das gleiche gilt auch in anderen Fällen, in denen Balanchines Ansichten kontrovers oder ungewöhnlich erscheinen mögen. Ich habe seine Statements weder hinterfragt noch kommentiert.

Balanchine hat mir auch über Diaghilew einige sehr erstaunliche Dinge erzählt, der sich schon früh für Tschaikowsky stark gemacht hatte. Obgleich Balanchine Großes für Diaghilew geleistet hatte, schien er jetzt geneigt, den Mythos der glänzenden Diaghilew-Ära zerstören zu wollen. Er dachte an seine Jahre bei Diaghilew zurück und schilderte eindringlich die Armut und den niedrigen sozialen Status der Tänzer des *Ballet Russe,* er selbst nicht ausgenommen. Lebhaft beschrieb er demütigende Gegenüberstellungen mit so imponierenden Figuren wie Rachmaninoff und Prokofiew.

Ohne Zweifel hatte Diaghilew großen Einfluß auf den jungen Choreographen, aber während unserer Gespräche kristallisierte sich Igor Strawinsky als Balanchines wahrer Mentor und Held heraus. Es war ganz offensichtlich, daß Balanchine seine Beziehung zu Strawinsky als historisch ebenso wichtig ansah wie die zwischen dem legendären Ballettmeister Marius Petipa und Tschaikowsky.

Für Balanchine waren Tschaikowsky und Strawinsky – die bedeutendsten Ballettmusik-Komponisten des 19. und 20. Jahrhunderts – gleichbedeutende Symbole künstlerischer Größe, und er war beglückt, in ihrem Leben und Werk Parallelen zu finden. Also war es ganz natürlich, daß Strawinsky, für den Tschaikowsky immer als Musterbeispiel eines „Europäers aus Rußland", als kosmopolitischer Komponist gegolten hatte, zur dritten *persona dramatis* dieses Buches wurde. (Als Balanchine beschloß, im Juni 1982 ein Strawinsky-Festival durchzuführen, bat er mich, über die Verbindungen zwischen Strawinsky und Tschaikowsky zu schreiben. Dieser Essay, ebenfalls ein Ergebnis unserer Gespräche, erschien in der Festschrift des New York City Ballet zum Strawinsky-Festival.)

Im Herbst 1982 wurde Balanchine – wegen Komplikationen nach einer Operation am grauen Star – in das New Yorker Roosevelt Hospital eingeliefert. Dort führten wir unsere Gespräche fort: Ich brachte meine Karteikarten mit und stellte ihm eine Menge Fragen. So nahmen wir tatsächlich das ganze, kurze, dramatische Leben Tschaikowskys durch – von der Kindheit bis zu seinem tragischen Tod. Das gesammelte Material war selbstverständlich nicht Stoff für ein Kinderbuch, wie uns beiden klar war, aber die Vorstellung, daß Kinder eventuell unser Publikum sein könnten, wirkte immer noch stimulierend wie eine Stimmgabel auf uns.

Balanchine hatte es eilig. Er wiederholte immer wieder: „Ich habe noch so viel über Tschaikowsky zu sagen! – Wir müssen uns unterhalten!" Einmal sagte er halb im Scherz: „Vielleicht war es gut, daß ich im Krankenhaus war. Sonst hätte ich kaum die Zeit gefunden, Ihnen das alles zu erzählen." Das klang in meinen Ohren ziemlich traurig und verbittert.

Hat mir Balanchine denn tatsächlich alles erzählt, was er über Tschaikowsky wußte und dachte? Ich glaube es nicht. Allmählich verschlechterte sich sein Gesundheitszustand, und am 30. April 1983 starb Balanchine im Krankenhaus. Nachrufe in der ganzen Welt priesen ihn als einen der größten Choreographen aller Zeiten, als einen Künstler vom Range eines Picasso oder Strawinsky.

Einige Zeit später begann ich mit der Übertragung meiner Balanchine-Tonbänder. Das war eine sehr schmerzliche Erfahrung. Balanchines Stimme klang, als wäre er am Leben. Ich versuchte, als ich mit dem Schreiben begann, das Charakteristische an Balanchines Konversationsstil zu erhalten. Manchmal war es um der Kontinuität und Klarheit willen notwendig, verschiedene Passagen aus unseren Gesprächen in einem einzigen Abschnitt zusammenzufassen. Meine Fragen und Bemerkungen, die ich im Laufe der Gespräche von mir gab, sind hier nicht enthalten, da sie keine Bedeutung für den Inhalt seiner Antworten hatten, und schließlich ist er es, nicht ich, dessen Ansichten das wahre Subjekt dieses Buches sind. Das Material, das ich Balanchine vorlegte – einschließlich der Zitate aus Tschaikowskys Briefen und Tagebüchern –, erscheint hier kursiv.

Würde Balanchine, läse er das Manuskript dieses Buches, alles so lassen, wie es ist? Ich vermute, er würde gerne einige Vorschläge für Ergänzungen oder Streichungen machen und vielleicht einige Absätze neu formulieren wollen. Dennoch gibt dieses Buch nach meiner ehrlichen Überzeugung – und mit Blick auf meine journalistische Sorgfaltspflicht – Balanchines Denken über Tschaikowsky in Wort und Geist wieder.

Dieses Buch wäre nicht möglich gewesen ohne das Engagement und die Ermutigung von Balanchines persönlicher Assistentin Barbara Horgan. Ihr schulde ich großen Dank.

SOLOMON VOLKOV

EDITORISCHE NOTIZ

Im folgenden Text sind Balanchines Worte normal, die seines Gesprächspartners Solomon Volkov kursiv gesetzt.

George Balanchine im Gespräch

Ich mache nicht gern viele Worte. Wenn ich etwas beschreiben will, zeige ich es lieber, sofern das möglich ist. Ich mache es meinen Tänzern vor, und sie verstehen mich. Sicher, von Zeit zu Zeit bringe ich ein *bon mot* zustande, eine Bemerkung, die mir auch selbst gefällt. Wenn ich dann aber weiterreden soll, fühle ich mich nicht wohl. Ich weiß nicht, wie ich das anstellen soll. Ich würde lieber Fragen beantworten.

Ich mag auch nicht gern über mich oder das Ballett sprechen. Aber bei Tschaikowsky ist das anders: ich weiß Dinge über ihn, die niemand sonst weiß. Ich werde oft über ihn befragt; die Leute sagen immer: „Wie ist das passiert; Was bedeutet das; Warum ist das so?" Ich kann das nicht jedem einzelnen erklären, der mich fragt. Und das bedauere ich manchmal. Ich möchte gerne niederlegen, was ich über Tschaikowsky weiß.

Der beste Weg, etwas über Tschaikowsky zu erfahren, ist natürlich, seine Musik zu hören. Aber das ist nicht so einfach, wie es zunächst scheint. Um Musik zu verstehen, muß man wenigstens ein bißchen darüber wissen. Und um etwas zu wissen, muß man zunächst versuchen, verstehen zu lernen.

Viele Bücher sind über Tschaikowsky geschrieben worden, aber sie haben keine große Leserschaft gefunden. Vielleicht weil sie nicht besonders interessant sind. Die Autoren stellen ihr Wissen zur Schau und suchen nach Tschaikowskys Anleihen. „Diese Musik erinnert an Schumann! Und wie klingt das hier? Ach ja, jetzt weiß ich, woher diese Melodie stammt!" Vielleicht ist das alles richtig so. Aber es trifft nicht den Kern. Tschaikowsky ist nicht deshalb groß, weil er von anderen abgeschrieben hat. Der große Ballettmeister Marius Petipa hat auch woanders abgeguckt. Ein Genie bedient sich, wo immer es ihm gefällt.

Ich kann Ihnen nicht ganz genau erklären, wie man Musik komponiert. Das ist unmöglich. Aber ich habe den Eindruck, daß ich doch etwas davon verstehe, wie Tschaikowsky komponiert hat. Ich kann in die Partitur hineinsehen und erkennen, wie er bestimmte Dinge macht. Man kann sein Leben damit verbringen, gelehrte Bücher über Tschaikowsky zu lesen und dennoch am Wichtigsten in seiner Musik vorbeigehen. Will man über Tschaikowsky reden, so reicht es nicht, seine Werke zu studieren. Man muß seine Musik erfühlen, als sei sie die eigene; man muß mit Tschaikowsky selbst sprechen. Das ist der Unterschied.

Natürlich ist Tschaikowsky selbst die beste Quelle, um seine Musik zu verstehen. Er schrieb wunderbare Artikel über Musik und sehr interessante Briefe. Aber über einhundert Jahre sind seitdem vergangen, und einige seiner Gedanken und Ansichten sind ohne spezielle Kommentare schwer zu verstehen. Die Welt, in der Tschaikowsky lebte, existiert nicht mehr. Ich bin nicht sehr alt, aber ich erinnere mich noch an diese Welt, die nun für immer vergangen ist. Ich wurde im alten Rußland geboren und erzogen. Meine Lehrer waren Menschen, die Tschaikowsky gekannt haben, die mit ihm gesprochen haben, einen guten Wein und einen guten Cognac mit ihm getrunken haben – er war ein Genießer.

Ballett – das ist eine in sich geschlossene Welt. Tänzer leben abseits von anderen Menschen. Im alten Rußland lebten wir sogar noch isolierter, weil wir das Kaiserliche Ballett waren. Wir studierten in der Isolation und lebten in der Isolation. Die alten Gepflogenheiten lassen sich am besten in einer in sich geschlossenen Welt am Leben erhalten. Und es gibt noch etwas sehr Wichtiges: Beim Ballett respektieren wir die Tradition. Man zeigt etwas, und dann erzählt man etwas darüber. Beim Ballett strengt man sich sehr an, alles auswendig zu behalten. Aus diesem Grunde haben Tänzer ein besseres Gedächtnis als andere Leute.

In Rußland habe ich immer Geschichten über Tschaikowsky gehört. Ich hörte sie von denen, die mit ihm und Petipa zusammengearbeitet hatten. Etwa zehn Jahre nach Tschaikowskys Tod kam ich zur Welt. Petipa starb, als ich ungefähr sechs Jahre alt war. Aber Tschaikowsky und Petipa waren für mich am Leben. Und die Menschen um mich herum sprachen von ihnen, als wären sie am Leben. Darum habe ich das Gefühl, daß ich ein paar Dinge über Tschaikowskys Musik erläutern und auch etwas darüber sagen kann, was er von der Musik anderer Komponisten hielt; darum kann ich auch etwas über Tschaikowskys Ansichten zu Religion und Politik sagen, über das russische Land und westliche Städte. Das, was ich erlebt habe, kommt mir hier zustatten. Ich hoffe, daß ich nichts erfinde. Und selbstverständlich kann ich nicht garantieren, daß ich nicht vielleicht auch Fehler mache. Wir machen alle Fehler. Ich bin kein Musikwissenschaftler, und ich bin kein Schriftsteller. Ich bin nur ein Mittler zwischen Tschaikowsky und denen, die mehr über seine Musik wissen und sie besser verstehen wollen.

I

Balanchine und Tschaikowsky

Meinen ersten Auftritt auf einer Bühne hatte ich in einem Ballett von Tschaikowsky, in *Dornröschen*. Ich war damals noch ein kleiner Junge. Ich war Cupido, ein winzigkleiner Cupido. Die Choreographie war von Petipa. Ich wurde auf einen goldenen Käfig gesetzt. Und plötzlich öffnete sich alles! Eine riesige Menschenmenge, ein elegantes Publikum. Und das Mariinski Theater in lichtes Blau und Gold getaucht! Und dann fing das Orchester an zu spielen. Ich saß auf dem Käfig und genoß das alles in unbeschreiblicher Ekstase – die Musik, das Theater und den Umstand, daß ich mit auf der Bühne war. Dank *Dornröschen* habe ich mich in das Ballett verliebt.

Ich lernte allmählich sämtliche Ballette von Tschaikowsky und ebenso seine Opern kennen. Die Opern wurden ebenfalls am Kaiserlichen Mariinski Theater aufgeführt. Wir Schüler der Ballettschule wirkten in den Ballett-Szenen von *Eugen Onegin* und *Pique Dame* mit.

Manchmal sagt jemand zu mir: „Ich liebe die Musik von diesem und jenem Komponisten." Meine Gefühle für Tschaikowsky waren ganz anders geartet, auch als ich noch ein Kind war. Stellen Sie sich vor, Sie sind in der Kirche, und plötzlich beginnt eine überwältigende, großartige Orgelmusik, die alle Register zum Klingen bringt. Man steht mit offenem Mund da und staunt. So war es immer bei Tschaikowsky. Er ist wie ein Vater für mich.

Ich war noch klein und wußte noch nichts über Musiktheorie. Aber mir gefielen alle Kompositionen von Tschaikowsky. Wenn ich Photos von ihm anschaute, gefiel mir sein Gesicht. Ich mochte alles an ihm, alles, was er je in seinem Leben gemacht hatte.

Und wenn ich auch noch klein war, so war ich doch in mancher Hinsicht ein kleiner Zauberer. Die Leute um mich herum sagten wohl: „Tschaikowsky? Ah, gar nicht schlecht, so là-là." Anfänglich betrübte mich das – warum, warum sagen die Leute das? Und dann dachte ich, wer sind die überhaupt, daß die so etwas sagen können? Was haben diese Leute überhaupt geleistet? Laß sie doch reden, was sie wollen! Diese Dummköpfe!

Ich fing an zu lernen, mir mein eigenes Urteil zu bilden. Ich lernte alle diese Dinge – ein wenig Musiktheorie, ein wenig Harmonielehre und Kontrapunktik. Ich spielte Klavier, und ich fing an zu komponieren. Und ich verstand allmählich, was für ein gewitzter Komponist Tschaikowsky war. Er ist ein Komponist für weise und subtile Zuhörer. Er ist ein feinsinniger Künstler.

Es gibt Tschaikowsky-Liebhaber, die so gut wie gar nichts über ihn verstehen. Ich erinnere mich, hier in Amerika, in San Francisco, sind einmal ein paar alte Weißrussen zu mir zu Besuch gekommen. Sie sagten, sie beteten Tschaikowsky an. Aber nur den Tschaikowsky, den man leicht zu Hause nachsingen kann: seine Lieder, einige Melodien aus den Opern. Für diese Leute ist das der wahre Tschaikowsky. Seine Sinfonien und Streichquartette, die zählten nicht. Ich diskutiere darüber nicht mit solchen Dilettanten, ich sehe keinen Sinn darin. Um Musik zu verstehen, muß man sich schon ein bißchen damit befassen. Wie sonst könnte man jemals etwas über Musik lernen?

Tschaikowsky ist der bedeutendste russische Komponist. Aber niemals würden dem alle Russen zustimmen. Es ist nicht so wie mit Beethoven in Deutschland, wo alle Leute einhellig „Oh ja!" sagen, wenn man seinen Namen erwähnt. In Deutschland wurden Millionen tiefschürfender Bücher geschrieben, die Respekt vor Beethoven vermitteln. Selbstverständlich gibt es auch hier einen Haufen Heuchler. Jedermann äußert sich begeistert und sagt: „Wir würden sehr gern Beethoven hören, aber nicht gerade jetzt. Haben gerade jetzt gar keine Zeit."

Es ist ganz schwierig für manche Leute, sich ausreichend zu bemühen, Tschaikowsky zu verstehen. Einige Geiger verstehen ihn. Pianisten lieben sein 1. Klavierkonzert. Aber die allgemeine Ansicht ist: „Wir haben es gespielt, und damit ist es auch gut." Niemand hängt an dieser Musik. Vielleicht einige Tänzer. Sie lieben Tschaikowsky und nicht nur seine Ballette; sie hören sich ebenso gern seine Sinfonien an. Ich spreche manchmal mit Tänzerinnen, die noch Kinder sind, und versuche, ihnen zu vermitteln: „Tschaikowsky ist ein Genie! Hört nur, hört euch nur an, wie wundervoll seine Musik ist!"

Man muß schon genau zuhören, um die Schönheit von Tschaikowskys 5. Sinfonie würdigen zu können. Man muß die eigene Hektik unterdrücken, innehalten und sich schon ein wenig konzentrieren. Aber die Menschen haben alle keine Zeit. Alle Menschen haben es eilig. Wer achtet heutzutage schon auf Musik!

Tschaikowsky war nie in Mode. Zu seinen Lebzeiten meinten „progressive" Russen, er sei nicht russisch genug. Die Deutschen hingegen fanden, daß seine Musik nicht genügend ausgefeilt war. Nach der Revolution wurde Tschaikowsky in Rußland verachtet; in den Zeitungen schrieb man, seine Musik sei pessimistisch, dekadent, das Proletariat brauche sie nicht. Aus unerfindlichen Gründen meinte man aber, das Proletariat liebe die Opern von Meyerbeer, diese paßten angeblich besser zu dem „revolutionären Gedanken", wie man sich auszudrücken beliebte.

Diaghilew brachte 1921 in London Tschaikowskys *Dornröschen* heraus, aber dort verstand man überhaupt nichts. Um ein Haar wäre Diaghilew pleite gewesen. Als ich nach Amerika kam, spielte man hier auch nicht sehr viel Tschaikowsky, abgesehen von den zwei oder drei beliebten Sinfonien. Als ich Tschaikowskys *Serenade* hier choreographierte, stellte sich heraus, daß kein Mensch das Stück kannte. Es wurde hier einfach nicht gespielt. Man spielte hier auch nicht seine herrlichen Orchestersuiten wie die erste, die zweite oder dritte. Niemand kannte seine *Mozartiana*. Tschaikowskys Klaviermusik wurde überhaupt nicht aufgeführt, abgesehen vom Klavierkonzert Nummer eins.

Hier, an unserem Theater, spielen wir Tschaikowsky nun seit Jahren. In fast jeder Spielzeit führen wir Tschaikowsky mindestens fünfundzwanzigmal auf. Wir haben ihn immer auf dem Spielplan. Wahrscheinlich haben wir an die fünfzehn Ballette in unserem Repertoire zu Musiken von Tschaikowsky.

Und die Snobs wollen immer noch nicht zugeben, daß Tschaikowsky ein großer Komponist ist. Die werden es wohl nie zugeben. Die werden weiter vorgeben, sie liebten Telemann oder irgendwelche anderen obskuren Komponisten des Barock, die millionenfach identische *concerti* geschrieben haben. Ich glaube, selbst wenn sie das hier lesen, würden sie immer noch sagen: „Wir sind überhaupt nicht dieser Meinung! Wir halten Tschaikowsky für Mittelmaß!" Aber was kümmert uns, was diese Menschen denken?

Übrigens erging es Strawinsky und Ravel ähnlich. Die Snobs mochten Ravel auch nicht. Als ich unser Ravel-Festival ankündigte, fragten alle: „Wieso ausgerechnet Ravel?" Und ein Musikkritiker schrieb sogar: „Ravel ist ein absolut zweitrangiger Komponist. Was soll das? Warum führen Sie ihn auf? Debussy ist viel besser!"

Ich bin nicht dieser Meinung. Ravels Ballettoper *L'Enfant et les sortilèges* („Das Zauberwort", dt. v. E. Bloch) ist das Werk eines Genies. Aber man muß es sich langsam und genüßlich erarbeiten. Ganz allmählich pflichtete die Öffentlichkeit mir bei, daß Ravel ein großer Komponist sei. Und Strawinsky wurde auch akzeptiert. Man muß eben Geduld haben.

Sicher, ich war bei diesem Kampf nicht allein. Meine Jungs bringen Ballette zu Tschaikowskys Musik auf die Bühne. Ich machte Vorschläge, was man nehmen könnte. Peter Martins wird das *Capriccio italien* machen; Jacques d'Amboise die *Konzert-Fantasie* für Klavier und Orchester. Kein Mensch führt dieses Werk je auf, obgleich es bemerkenswerte Musik ist. John Taras arbeitet an dem Ballett *Erinnerung an Florenz,* das zwar bekannter ist als alle hervorragenden Streichquartette von Tschaikowsky, aber noch nicht bekannt genug. Jerry Robbins hat die wunderschönen Klavierstücke aus dem *Jahreszeiten-*Zyklus gewählt.

Natürlich ist Tschaikowsky immer in uns. Ich spreche nur ungern darüber, ich habe Angst, mißverstanden zu werden. Vielleicht ist es nicht richtig, darüber zu sprechen, aber es ist die Wahrheit. Bei allem, was ich zu Tschaikowskys Musik erarbeitet habe, habe ich seine Unterstützung gespürt. Es war kein richtiger Dialog mit ihm. Aber wenn ich arbeitete und sah, daß ich weiterkam, fühlte ich, daß es Tschaikowsky war, der mir geholfen hatte. Andernfalls hätte er gesagt: Mach das nicht. Natürlich soll das jetzt nicht heißen, daß Tschaikowsky selbst mich daran gehindert hätte. Aber wenn ich merkte, daß ein Ballett nicht gelang, dann bedeutete dies, daß ich es nicht machen sollte, daß in diesem Fall Tschaikowsky mir nicht helfen würde. Als ich an der *Serenade* arbeitete, machte mir Tschaikowsky Mut. Fast die ganze *Serenade*-Choreographie ist mit seiner Hilfe entstanden. Mit Strawinsky war es genauso. Als wir das Strawinsky-Festival vorbereiteten, war er immer bei uns.

Dieser Glaube an die Möglichkeit eines mystischen Kontakts zu den verblichenen Großen ist unter russischen Musikern weiter verbreitet als unter ihren rationaler denkenden westlichen Kollegen. [Der russische Cellist und Dirigent] Mstislaw Rostropowitsch sagte: „Als ich eingeladen war, Prokofiews Oper Krieg und Frieden *am Moskauer Bolschoi Theater zu dirigieren, wollte die Direktion, daß ich scheitere. Man gewährte mir nur drei Proben. Ich mußte unweigerlich scheitern!*

„Am Tag der Aufführung", fährt Rostropowitsch fort, „ging ich zu Prokofiews Grab außerhalb von Moskau. Ich küßte den Grabstein und bat Prokofiew, mir zu helfen. Und er half mir. Ich bin mir dessen ganz sicher, denn er war der einzige, der das konnte. Die Aufführung wurde ein triumphaler Erfolg."

Solche Dinge sind mir auch widerfahren. Wenn etwas nicht gut läuft, dann flehe ich Tschaikowsky an: „Bitte!" Ich habe ihn nie gesehen, aber mich an ihn gewendet. Ich habe noch nie darüber gesprochen. Es fällt mir schwer, darüber zu sprechen. Aber allein, ohne Tschaikowskys Hilfe, hätte ich es nicht geschafft. Ich hätte es allein nicht machen können; ich bin dafür nicht klug genug.

Das Gefühl, mit ihren verstorbenen Vorgängern und Freunden in fortwährendem Dialog zu stehen, hilft russischen Menschen, ihre Angst vor dem Tod zu überwinden. Für sie ist die andere Welt voller Menschen, die sie kennen, und darum fürchten sie sich nicht. Es herrscht das Gefühl von Vertrautheit, ja Behaglichkeit. Aus diesem Grund beantwortete Rostropowitsch die Frage, ob er Angst vor dem Tode habe, ganz fest mit: „Nein! In jenem Leben werde ich ausgeglichener sein als in diesem. Ich habe dort mehr Freunde. Und ich verkehre mit ihnen dann auf der Ebene eines neuen, anderen Lebens. Darum fürchte ich mich nicht vor dem Tod." Das Gefühl eines persönlichen, fast intimen Kontaktes mit den Schatten der Großen ist charakteristisch für Russen.

Das ist ein russischer Charakterzug. Aber auch typisch für alle Theaterleute. Man spürt plötzlich die Gegenwart von Tschaikowsky und macht sich klar: „Natürlich, er ist es! Ich werde mit ihm zusammenarbeiten. Er wird mir helfen."

II

Kindheit

Tschaikowsky liebte seine Mutter mehr als seinen Vater. Selbst als erwachsener Mann konnte er von ihr nicht ohne Tränen sprechen. Sie starb an Cholera, als Tschaikowsky erst vierzehn Jahre alt war. Für den Rest seines Lebens blieb das eine offene Wunde. Und wie wir wissen, wurde der Cholera-Tod für ihn zur fixen Idee. Tschaikowskys Mutter war französischer Herkunft. Die Familie nannte den Knaben Pierre, obgleich Pjotr oder Petja korrekt gewesen wäre. Und ich wurde in der Schule Georges gerufen, obgleich Georgi oder Jura richtig gewesen wäre.

Die Erinnerungen aus der Kindheit sind meistens die stärksten. Dies gilt ganz besonders für Musiker und Tänzer, weil sie gewöhnlich ihr Musik- oder Tanzstudium schon in sehr jungen Jahren aufnehmen. Wir wissen, daß Tschaikowskys Eltern ihn sehr liebten. Das ist beneidenswert. Jeder möchte das Lieblingskind in der Familie sein, aber nicht jeder hat das Glück. Tschaikowskys Eltern glaubten auch, daß Pierre ein bedeutender Musiker werden würde. Und Tschaikowsky selbst war sich von Kindheit an sicher: aus ihm würde ein berühmter Komponist.

Seine ersten musikalischen Eindrücke erhielt Pierre nicht in Konzerten, sondern es waren mechanische Klänge – als wäre er ein Kind des späten zwanzigsten Jahrhunderts. Sein Vater kaufte ihm eine ziemlich große mechanische Orgel, und Pierre lauschte (wie er später sagte „in heiliger Verzükkung"), wie die Orgel Auszüge aus Mozarts Oper Don

Giovanni *spielte. Die Orgel spielte auch noch Musik von Rossini, Bellini und Donizetti. Tschaikowsky fing an, die italienische Oper zu lieben und stand treu dazu, selbst wenn ernstzunehmende Musiker in Rußland die italienische Musik „vulgär" fanden.*

Pierres frühe Berührungen mit Musik waren beides – beglückend und traumatisch. Dem fünfjährigen Pierre war es nicht gestattet, zuviel Zeit am Klavier zu verbringen. Er „spielte" aber weiter, indem er mit den Fingern gegen die Fensterscheibe trommelte, diese zertrümmerte und dabei seine Hand schwer verletzte. Da wurde den Eltern klar, daß der Junge ernsthaft Musik studieren mußte.

Eines Abends hörte seine Gouvernante den kleinen Pierre weinen und ging hinauf in das Kinderzimmer. Sie fragte, was denn los sei. „Oh, es ist diese Musik, die Musik, sie soll weggehen! Sie ist hier, hier", antwortete der Junge, jammerte und zeigte auf seinen Kopf. „Sie läßt mir keinen Frieden!"

Hier in Amerika glauben die Menschen, Musik müsse nur Freude bereiten, unterhalten. Dem ist aber nicht so, besonders nicht, wenn man Berufsmusiker ist. Musik bringt auch Leid und ein Gefühl der eigenen Unzulänglichkeit. Und es ist nicht immer angenehm, mit ihr im Einklang zu sein. Darum ist es auch viel angenehmer, Musik als Zuhörer in einem Konzert mitzuerleben.

Ein Kind muß sehr sorgfältig und vorsichtig an Musik herangeführt werden. Man muß ihm erklären, daß das eine ernste Angelegenheit ist. Tschaikowskys Gouvernante war gut, sie half ihm bei der Musik. Auch meisterte er Französisch mit ihrer Hilfe. Meine Familie ihrerseits hatte ein deutsches Mädchen, das ich sehr gernhatte. Ich war damals sehr klein. Und dann ging sie fort. Als ich in die Ballettschule eintrat, hatten wir dort Bedienstete. Aber das war etwas anderes. Ich erinnere mich immer noch zärtlich an mein Kindermädchen.

Meine Eltern steckten mich in die Ballettschule, als ich noch klein war. Es war genau so, wie damals die Eltern des kleinen Tschaikowsky ihn in die Schule für Jurisprudenz gesteckt hatten, ebenfalls in St. Petersburg. Und dann waren sie zwei Jahre lang nicht da. Pierre litt entsetzlich. Ich kann das verstehen, weil ich auch Heimweh hatte. Aber für mich war es leichter – meine Eltern wohnten in der Nähe, in Lounatiokki in Finnland. An Sonntagen kam meine Tante manchmal herüber und holte mich von der Schule ab und nahm mich für einen Tag mit zu sich nach Haus. Sie wohnte in Petersburg.

Viele Jahre später erinnerte sich Tschaikowsky an sein Leben in der Schule für Jurisprudenz: Donnerstags gab es im Speisesaal der Schule für die Schüler Borschtsch, Bitki (Hackfleischklößchen) und Buchweizengrütze. Der Duft von Borschtsch und Grütze kitzelte angenehm in der Nase, und in Erwartung der Bitki war Tschaikowskys Seele schon „in Bewegung". Nur noch zwei Tage bis Samstag, wenn man seine Verwandten besuchen durfte.

An unserer Schule gab es auch Borschtsch und Bitki und Grütze am Donnerstag. Die Bitki wurden in saurer Sahne serviert, gar köstlich! Und der Borschtsch war das Werk eines Genies! An den Samstagen gingen auch an unserer Schule viele Kinder nach Haus. Freitag war Dampfbad-Tag. Und am Samstag war die Schule öd und leer, zwei ganze Tage lang. Es war traurig und einsam, wenn man zurückbleiben mußte. Man ging dann zur Kirche und stand dort eine Weile herum. Die Schule hatte eine Kapelle. Der Lehrer war dann auch da und hatte noch zwei oder drei Schüler bei sich. Man mußte die Zeit totschlagen bis zum

Essen. Ich ging dann wohl in die Halle und spielte Klavier. Es war niemand da, totale Leere. Dann kam das Essen, und nach dem Essen das Bett.

Wir durften lesen, ehe wir schlafen gingen. Ich las gern Jules Verne – *Zwanzigtausend Meilen unter dem Meer, Die geheimnisvolle Insel*. Ich erinnere mich immer noch an die Bildunterschriften: „Wenn wir des Nachts Glocken in der offenen See hören, ist das Schiff gesunken."

Wir waren auch von den Abenteuern des Sherlock Holmes verzaubert, von Nick Carter und Pinkerton. Diese wurden in Heftchen veröffentlicht, mit bunten Einbänden aus Karton. Jede Woche konnte man die nächste Folge kaufen, einige Dutzend Seiten. Die waren ganz billig – zehn oder zwölf Kopeken. Wir verschlangen diese Büchlein und liehen sie untereinander aus. Ich erinnere mich genau an *Pinkerton's Journey to the Other World, The Murdering Model* und *The Mystery of the Burgas Castle*. Sehr unterhaltsam!

In seiner Jugend genoß Tschaikowsky seinerseits die Abenteuerliteratur seiner Zeit: Eugène Sue, Alexandre Dumas père, Frédéric Soulier (Memoirs of the Devil), und Paul Féval. Später war er dann ein Fan der Romane von Louis Jacolio; Tschaikowsky beschrieb sie als „sehr unterhaltsam geschriebene Bücher". Tschaikowskys Gouvernante erinnerte sich an die ersten Bücher, die sie mit Pierre gelesen hat: „Neben Education Maternelle von Mlle Amable Tastu hatten wir auch noch Family Education von Miss Edgeworth, mehrere Bände. Für Naturgeschichte hatten wir ein kleines illustriertes Bändchen von Buffon. Ein besonders geliebtes Buch, das wir an Samstagabenden lasen und diskutierten, war Famous Children von Michel Mason." Die beiden lasen auch Les Petits Musiciens von Eugenie Foa. In einem seiner Briefe berichtet der kleine Pierre, daß er die

Briefe von Mme de Sévigné und Le Génie du Christianisme *von Chateaubriand lese, aber – wie er gleichzeitig zugibt – „nicht verstehe".*

Ich hatte auch wundervolle Kinderbücher, aber ganz andere; sie handelten von den Abenteuern der *mursilki*. Die waren so winzig wie ein Stecknadelkopf, diese *mursilki*. Sie konnten überall hingelangen und alles sehen. Niemand hier kennt *mursilki*, und ich denke, es wäre gut für amerikanische Kinder, etwas über sie zu erfahren. Ihre Geschichte müßte ins Englische übertragen und dann zu einem Zeichentrickfilm fürs Fernsehen verarbeitet werden. Das wäre herrlich. Ich erinnere mich auch an Bücher über *Stjopka-Rastrjopka* (Der zerzauste Stjopka). Das war eine Übersetzung des *Struwwelpeter* aus dem Deutschen von Dr. Hoffmann – nicht von dem Hoffmann, der den *Nußknacker* geschrieben hat, sondern von einem anderen. Der machte auch die Bilder dazu. Das waren interessante, grausame Bücher. Ich erinnere mich, daß dem armen Stjopka zur Strafe, daß er so schmutzig war, von dem Barbier nicht nur die Nägel, sondern die ganzen Finger abgeschnitten wurden.

Und natürlich waren da noch die unvergeßlichen *Max und Moritz* von Wilhelm Busch! Ich erinnere mich, wie sie in eine Bäckerei einbrachen, sie waren wirklich schrecklich, diese *„Katzenjammer-Kids"*. Ich liebte Wilhelm Busch, und – was für ein Zufall – Strawinsky liebte ihn auch. Strawinsky konnte, obgleich schon hochbetagt, große Passagen von Wilhelm Busch auswendig rezitieren.

Tschaikowsky schrieb: „Mir scheint, die Erbauung, die man in früher Jugend durch Kunst und Literatur erfährt, hinterläßt ihre Spuren für das ganze Leben und ist von großer Bedeutung…"

Ja, er hörte Mozart in seiner Kindheit, und Mozart blieb ein Gott für Tschaikowsky. Er hörte Glinka und verliebte sich für sein ganzes Leben. Und gleichzeitig war er rührend loyal: Tschaikowsky hörte Glinkas *Leben für den Zaren*, ehe er dessen andere Oper *Ruslan und Ludmilla* kennenlernte; und er fand nur darum das *Leben für den Zaren* schöner! (Anfänglich liebte ich diese Oper auch am meisten. Aber nach der Revolution wurde sie wegen ihrer monarchistischen Handlung überhaupt nicht mehr aufgeführt. So lernte ich dann *Ruslan und Ludmilla* besser kennen und fing an, auch diese Oper sehr zu lieben.) In *Das Leben für den Zaren* rettet ein Bauer den russischen Zaren. Tschaikowsky war vollkommen niedergeschmettert, als revolutionäre Terroristen den Zaren Alexander II. töteten. Er wurde ein Vertrauter des neuen Monarchen Alexander III. Diaghilew erzählte mir, daß Alexander III. zu den besten russischen Zaren gehörte.

Für die russische Kultur war er vielleicht sogar der beste aller russischen Monarchen. Unter seiner Herrschaft begann in Rußland die Blütezeit der Literatur, der Kunst, der Musik und des Balletts. Alles, was Rußland später berühmt machte, hatte seine Anfänge unter Alexander III.! Er war, so wurde mir berichtet, ein Mann von außerordentlich hohem Wuchs. Strawinsky sah Alexander III. einige Male, als er selbst noch ein Kind war. Der Zar war ein rechter *bogatyr*, ein gigantischer Krieger, bärtig, mit lauter Stimme und durchdringendem Blick. Mit Tschaikowsky allerdings ging er immer sehr unkompliziert und sanft um. Der Zar liebte seine Musik sehr. Er war es auch, der darauf bestand, daß Tschaikowskys Oper *Eugen Onegin* am Kaiserlichen Theater in St. Petersburg inszeniert wurde. Kein Mensch wollte da herangehen! Die Musiker waren dagegen. Sie waren neidisch auf Tschaikowsky und sagten, es sei eine schlechte Oper, nicht bühnenwirksam; das Publikum würde sie nicht mögen. Doch der Zar befahl, und die Musiker hatten zu gehorchen.

In einem Brief an Nadeshda von Meck, seine reiche Gönnerin und langjährige Brieffreundin, beschreibt Tschaikowsky eine Aufführung von Eugen Onegin *in Gegenwart der kaiserlichen Familie: „Der Zar wünschte mich zu sehen. Er unterhielt sich lange mit mir [und] war außerordentlich freundlich und liebenswürdig. [Er] befragte mich mit größter Sympathie und Genauigkeit über mein Leben und meine musikalischen Geschäfte, wonach er mich zur Zarin hinübergeleitete, die mich ihrerseits mit bewegender Aufmerksamkeit behandelte."*

Tschaikowsky komponierte für Alexander III. den Krönungsmarsch und die Krönungskantate. Als Honorar gab ihm der Zar einen Diamantring. Und später gewährte er Tschaikowsky eine Pension in Höhe von dreitausend Rubel pro Jahr für die Dauer seines Lebens. Ein enormer Betrag für die damalige Zeit! Doch was noch wichtiger war, Tschaikowskys Opern und Ballette wurden ohne Kosten zu sparen aufgeführt, weil die Mittel dazu vom kaiserlichen Schatzamt kamen. Tschaikowsky mußte also nicht, seinen Hut in der Hand, bei den Reichen die Klinken putzen, sich selbst erniedrigen und hier und da um einen Rubel betteln. Seine Werke wurden am Kaiserlichen Theater herausgebracht! Tschaikowsky glaubte seit seiner Kindheit an Gott und den Zaren. Mit sieben Jahren komponierte Pierre ein Gedicht an seinen Schutzengel – auf französisch!

Als Pierre in der Schule lebte, las der Metropolit jedes Jahr am Tag der Heiligen Katharina die Liturgie. Tschaikowsky erinnerte sich, daß er in seiner Kindheit einen lieblichen Sopran hatte und einige Jahre hintereinander in den heiligen

Gesängen für den Metropoliten den ersten Sopran sang, am Anfang und am Ende der Liturgie: „Die Liturgie machte einen tiefen poetischen Eindruck auf mich."

Der Metropolit kam am St. Katharinen-Tag in ihre Kirche, weil das Andenken an Katharina die Große in Rußland sehr verehrt wurde. Die Liturgie machte auch auf mich einen wunderbaren Eindruck, als ich noch ein Kind war. Die Popen kamen heraus, opulent geschmückt mit hinreißend schönen Mitren, mit denen sie wie Heilige aussahen. Die Messe selbst ist sehr bewegend und wunderschön. Die Knaben im Kirchenchor singen so rein, wie Engel. Ich habe sie immer beneidet. Ich wollte so gern in einem Kirchenchor singen. Aber ich mußte auf meinen Stimmwechsel warten. Andere Knaben aus der Ballettschule, ältere, sangen mit. Und dann, nach der Revolution, als ich alt genug war, hatte unsere Schule keinen Kirchenchor mehr.

Tschaikowsky sagte mehrfach, wie sehr er die Gottesdienste der russisch-orthodoxen Kirche liebte, doch fand er einige der orthodoxen Rituale zu lang. Über dieses Thema schrieb er einmal an seinen Bruder Modest: „Ich habe an einem Gottesdienst teilgenommen, in dem Chrisam hergestellt wurde, habe die Prozession mit der plaschchanitsa in der Uspenski Kathedrale miterlebt, ich war am Pfingstmorgen in der Erlöserkirche, in der Vesper am ersten Ostertag (und in vielen anderen Gottesdiensten). Ich kam jedes Mal mit dem Gefühl von Andacht, Glanz und Schönheit zurück. Doch leider wurde dieser Eindruck immer wieder durch die extreme Länge unserer Messen ruiniert. Ach ja! Um die Wahrheit zu sagen: vieles ist exzessiv, es zieht den Gottesdienst unnötig in die Länge, ermüdet selbst die verbissenste Konzentration, läßt den heißesten Glauben abkühlen. Wenn die orthodoxe Messe einiger Reformen bedarf, so müßten sie mit Sicherheit in dieser Richtung liegen."

Ja natürlich, zu lang, viel zu lang! Sie schwenken den Weihrauch ohne Ende. Und lesen und lesen. Und wiederholen immer dieselben Sprüche: „Lasset uns beten zu dem Herrn" – „Herr, wir bitten Dich, sei uns gnädig" – „Lasset uns beten zu dem Herrn" – „Herr, wir bitten Dich, sei uns gnädig". Der Ostergottesdienst in der orthodoxen Kirche ist sehr lang. In der St. Wladimir-Kirche zu Petersburg dauerte er immer fast vier Stunden. Ich kam mit meiner Tante und meiner Mutter immer schon ganz zu Anfang, und wir standen während der ganzen Messe auf dem steinernen Fußboden. Vier Stunden auf einem Steinfußboden!

Tschaikowsky spricht von der Zubereitung des Chrisam. Ich muß erklären, was das ist. Man nimmt Olivenöl, Traubenwein und verschiedene Aromastoffe und stellt daraus eine besondere Mixtur her, die *miro* genannt wird oder eben Chrisam, die dann in einer besonderen Zeremonie gesegnet wird. Das ist ein heiliges Mysterium, das an Pfingsten erinnert. Wir wissen, daß der Heilige Geist sich über die Apostel ausschüttete und dadurch die Kirchen schuf. Jeder, der sich taufen läßt, wird mit Chrisam gesalbt. Das hat eine große Bedeutung.

Und ich kann auch die *plaschchanitsa* erklären, von der Tschaikowsky schreibt. Man nennt das auch *epitaphia*, und es symbolisiert den Leichnam Christi. Es ist ein Tuch, Samt oder prächtiges Gewebe, auf welchem der Leichnam Christi abgebildet ist, nachdem er vom Kreuz genommen wurde. Das Tuch wird vom Altar bis in die Mitte der Kirche getragen und auf ein mit Blumen geschmücktes Podest gelegt. Für uns symbolisiert das Tuch den vom Kreuz genommenen Leichnam Christi, so daß die Menschen ihn anbeten können.

Und natürlich erinnere ich mich an die Vesper-Gottesdienste in St. Petersburg am ersten Ostertag. Zuerst stehen alle da und warten. Dann kommen ganz langsam die Popen heraus, der Gottesdienst beginnt. Und dann wird es fröhlicher: der Chor fängt an zu singen, die Meßdiener gehen herum. Der Chor singt „Christus ist auferstanden von den Toten, er besiegt den Tod durch Tod, schenkt denen, die in Gräbern liegen, das ewige Leben". Der Metropolit segnet die Gläubigen. Ich erinnere mich, daß sie in der Kirche St. Wladimir in St. Petersburg den Altar öffneten. Zu Ostern ist das Öffnen des Altars eine heilige Handlung. Dann ist der Gottesdienst vorüber, die Türen des Altars sind geschlossen, und es wird wieder dunkel.

Tschaikowsky schrieb an Frau von Meck: „Jede Stunde und jede Minute danke ich Gott, daß Er mir zu meinem Glauben in Ihn verhalf. Bei meiner Feigheit und meiner Veranlagung, mich beim leisesten Schubs so weit ins Spirituelle vorzuwagen, daß ich nach Nichtexistenz strebe – was wäre aus mir geworden, wenn ich nicht an Gott glaubte und mich nicht Seinem Willen anvertraut hätte?"

Es ist von großer Bedeutung, daß Tschaikowsky und ich derselben Kirche angehören. Ich weiß, daß Tschaikowsky echten Glauben hatte. Ich sehe heute nicht sehr viele Menschen mit einem echten Glauben. Denn das ist sehr schwierig. Man muß nicht nur einige Regeln befolgen, man muß auch glauben, daß der Sohn Gottes geboren wurde, gelitten hat und auferstanden ist. Und man muß glauben, daß Er zum Himmel aufgestiegen ist. Und ein zweites Mal auf die Erde kommen wird. Religion ist in erster Linie Glaube, und die Menschen von heute sind es gewohnt, alles sehr skeptisch zu sehen, sich zu mokieren. So geht das nicht. Man kann Glauben nicht testen.

Manchmal werde ich gefragt: „Wie kommt es, daß Sie gläubig sind?" Man kann nicht plötzlich gläubig werden, so ganz aus heiterem Himmel. Man muß sich den Glauben erwerben, von Kindheit an, Schritt für Schritt. So hat es Tschaikowsky gemacht, so hat es Strawinsky gemacht. Sie haben die Evangelisten von Kindheit an gelesen, auswendig gelernt. Die Worte des Neuen Testaments sind in uns allen angelegt. Wir sind alle getauft, mit *miro* gesalbt, in die Kirche mitgenommen worden; wir haben die Kommunion empfangen. Man kann sich nicht in den Glauben hinein-stürzen, wie man in einen Swimmingpool springt. Man muß sich ihm allmählich nähern, wie man ins Meer hinein-geht. Man muß damit in früher Kindheit beginnen.

III

St. Petersburg

Für mich ist Tschaikowsky ein Petersburger Komponist, absolut petersburgisch. Und das nicht nur, weil er in Petersburg studierte, sein Examen am Konservatorium ablegte und dort eine lange Zeit lebte. Auch nicht nur, weil er selbst Petersburg als seine Heimatstadt betrachtete und dies auch zum Ausdruck brachte. Was viel wichtiger ist, Tschaikowsky ist von der Substanz seiner Musik her ein Petersburger, ganz so wie Puschkin und Strawinsky Petersburger waren.

Das ist schwierig zu erklären, aber ich will es versuchen, weil es wichtig ist und der Erklärung bedarf. Und vielleicht gelingt es mir ja, das zu erklären, weil ich selbst Petersburger bin; ich wurde in Petersburg geboren und erzogen.

Zuerst einmal ist Petersburg eine ganz einmalige Stadt, sie gleicht keiner anderen. Sie wurde auf ungewöhnliche Weise errichtet: alles auf einmal, wie von Wunderhand. Zar Peter der Große gab den Befehl – und die Stadt schoß aus dem Boden! Daher hatte Petersburg so schöne gerade Straßen. Und man befaßte sich auch sehr mit den Proportionen. Es gab eigens ein Zaren-Dekret, daß die Höhe der Gebäude die Breite der Straßen nicht übersteigen dürfe. Ein Beispiel: Ich wohnte in der berühmten Theaterstraße neben dem Kaiserlichen Alexandrinski Theater. Eine kleine Straße, aber von außergewöhnlicher Schönheit, und warum war das so? Die Länge der Straße beträgt 220 Meter, die Breite 22 Meter, die Höhe der Gebäude an dieser Straße ebenfalls 22 Meter. Es ist nicht schwer zu erraten, warum die Straße so fantastisch ist!

Die russischen Zaren waren so reich, daß sie die besten Architekten Europas nach St. Petersburg holten – aus Italien, Österreich, Frankreich. Sie zahlten ihnen enorme Gelder. Und ganz offensichtlich verstand die Romanow-Dynastie etwas von Schönheit. In den Adern der Romanows floß ein starker Anteil deutschen Blutes; beginnend mit Peter dem Großen heirateten sie alle deutsche Frauen. Aber Sie werden in Petersburg keine germanische Architektur finden. Alle Gebäude sind elegant und hell – das ist italienischer oder österreichischer Baustil. Und selbst die Residenz des Zaren, der Winterpalast, wurde im hellen italo-österreichischen Stil erbaut. Er wird *Petersburger Empirestil* genannt – elegant, schlicht, edel. Unprätentiös, aber majestätisch. So ist Petersburg.

Für mich ist Petersburg untrennbar verbunden mit Puschkin, Rußlands größtem Dichter. Puschkin beschreibt die Stadt ganz exquisit in seinen Gedichten und seiner Prosa und vermehrte dadurch ihre Schönheit. Schon in unserer Kindheit haben wir alle Petersburg durch das Prisma der Puschkinschen Dichtung in uns aufgenommen. Ich kenne keine vergleichbare Konstellation, außer vielleicht Dante und Florenz. Puschkins Dichtung ist hell, majestätisch und wohlausgewogen – wie Petersburg, wie Musik von Mozart. Petersburg ist eine europäische Stadt, die durch ein Wunder in Rußland entstand. Und Puschkin ist das Wunder in Rußlands Literatur; er ist ein Europäer aus Rußland. Tschaikowsky war auch ein russischer Europäer; aus diesem Grunde liebte er Puschkin so sehr. Er schrieb seine drei besten Opern nach Werken von Puschkin – *Mazeppa, Eugen Onegin* und *Pique Dame*. Und natürlich gibt es noch einen anderen Europäer aus Rußland – Igor Fjodorowitsch Strawinsky.

Der junge Tschaikowsky schrieb an seine Schwester: „Alles, was mein Herz liebt, ist in St. Petersburg, und ohne das ist mein Leben absolut unmöglich. Und dort hüpft auch mein Herz vor Freude – falls meine Taschen nicht zu leer sind... Kennen Sie meine Schwäche? Wenn ich einmal Geld in der Tasche habe, gebe ich alles für mein Vergnügen aus; das ist schändlich, das ist dumm – ich weiß; genau genommen habe ich gar kein Geld für Vergnügungen; ich habe unangemessen hohe Schulden, die bezahlt werden müssen; ich habe wichtige Bedürfnisse, die Vorrang haben sollten – aber ich mißachte das alles (wiederum durch meine Schwäche) und amüsiere mich. So ist mein Charakter."

Wie ähnlich Mozart! Sie können den Mann und die Stadt hier sehen. Der Mann ist ein echter Künstler! Und die Stadt ein wundervoller Ort für einen Künstler! So habe ich immer gelebt: Wenn ich Geld habe, gebe ich es aus und mache mir ein schönes Leben; wenn ich keines habe, mache ich mir nicht allzu viele Sorgen. Es ist ein Vergnügen, in St. Petersburg herumzuspazieren, auch wenn man überhaupt kein Geld hat.

Tschaikowsky hat einst gesagt, selbst wenn die Dinge schlecht standen, alle seine Rubel ausgegeben waren, er Liebeskummer hatte – und ihm zum Heulen war! –, wenn er dann den Newski-Prospekt auf- und abging, dann fühlte sich seine Seele wieder gut. Der reinste Mozart! Und es ist wahr, der Newski-Prospekt ist eine wunderbare Straße zum Bummeln; sie ist schnurgerade und voller festlich gestimmter Menschen, Restaurants, Theater. Aber es ist auch schön, während der Weißen Nächte den Newski entlangzuspazieren, wenn er ganz leer ist.

Die Weißen Nächte sind ein anderes Wunder von St. Petersburg. Weiße Nächte kommen im Frühling. Die Sonne geht unter, und dann erscheint plötzlich ein seltsames, weißes Licht, wie Milchglas. Das ist das Nordlicht. Alles sieht dann schaurig-schön aus.

Tschaikowsky schrieb über die Weißen Nächte: „Ich kann nicht schlafen in dieser unglaublichen Mischung von nächtlicher Ruhe und Tageslicht."

Wir jungen Leute konnten auch nicht schlafen; wir kamen häufig nicht nach Haus in diesen Weißen Nächten; wir gingen zur Akademie der Künste und schauten uns die berühmten Sphinxen an. Die sind dreitausend Jahre alt, wurden auf Befehl des Zaren von Ägypten dorthin gebracht. Wir gingen über die Brücke zur Peter-und-Pauls-Festung. Wir waren eine ganze Gruppe, Jungen und Mädchen. Wenn ich Musik von Tschaikowsky spiele, erinnere ich mich an diese Weißen Nächte. Es sind keine südlichen Nächte, italienische, in denen die Sterne leuchten und die Musik lärmt. Nein, diese Nächte waren bescheiden, unaufdringlich, man mußte sie erfühlen.

Ich habe Glück, daß ich in dem Petersburg geboren bin, durch das Tschaikowsky wandelte. Es war noch ganz viel von dem alten St. Petersburg der achtziger Jahre des vorigen Jahrhunderts übrig. Dann begann die Stadt, sich rasch zu verändern. Und nach der Revolution war es dort natürlich völlig anders. So könnte man sagen, ich lebte in drei verschiedenen Städten. Und jede war Petersburg auf seine ganz besondere Art.

Manchmal erinnerte uns auch die Cholera an Tschaikowskys Petersburg. Über Nacht erschienen Plakate an den Häuserwänden: kein Leitungswasser trinken, kein rohes Obst und Gemüse essen. Der Geruch von Karbolsäure war überall. In der Ballettschule erzählten uns die älteren Schüler, daß die Schule früher manchmal wegen der Cholera geschlossen war.

Zu unserer Zeit schloß man die Schule nur, wenn es sehr kalt war, achtzehn Grad unter Reaumur. Die Menschen entzündeten dann große Feuer in den Straßen. Aber

gewöhnlich kümmert sich niemand um das Wetter in Rußland. Wenn es warm ist, ist es warm; ist es kalt, dann ist es
eben kalt, aber wieviel Grad es sind – das spielt keine Rolle,
das interessiert niemanden. (Das gibt es nur hier im Westen,
daß alle Leute ganz genau die Zahl wissen wollen, und daß
sie – wenn sie die Zahl kennen – wissen, ob ihnen warm oder
kalt ist.)

Und natürlich traf man immer wieder Leute, die Tschaikowsky gekannt hatten. Zum Beispiel Pavel Gerdt, der
allererste Prinz Désiré im Ballett *Dornröschen* und der
allererste Prinz Coqueluche im *Nußknacker*. Er war einfach
unglaublich – er tanzte am Mariinski Theater, bis er siebzig
Jahre alt war. Ein schöner Mann, sehr imposant. Er mochte
nicht gern nach seinem Alter gefragt werden, da verstand er
keinen Spaß. Es gab noch einen alten Mann, der war ganz
das Gegenteil, klein und freundlich, unbeschwert, mit
grauem Schnurrbart: Ricardo Drigo, ein italienischer Dirigent. Wir nannten ihn Richard Jewgenjewitsch. Er sprach
ein sehr lustiges Russisch. Drigo hatte beide Premieren, den
Nußknacker und *Dornröschen*, dirigiert. Er hatte die Partitur und die Tempi mit Tschaikowsky selbst diskutiert!
Auch zu unserer Zeit dirigierte er noch Ballettaufführungen
am Mariinski. Drigo war auch kein schlechter Komponist.
Wir führten seine *Harlequinade* in New York auf; das
Stück gefiel dem Publikum.

Ich habe Marius Petipa nie gesehen. Er war schon tot, als
ich an die Schule kam, aber noch nicht lange. Man erinnerte
sich an ihn, erzählte viele Geschichten über ihn. Ohne
Petipa allerdings wären die Tschaikowsky-Ballette nicht
das, was sie sind.

Der Komponist Alexander Konstantinowitsch Glasunow, ein Freund Tschaikowskys und Direktor des Petersburger Konservatoriums, kam zu uns ins Theater, um dort
sein Ballett *Raymonda* auf dem Klavier zu spielen. Wir

probten, Glasunow spielte. Er liebte das Klavierspiel, er war ausgezeichnet. Man sagte mir, Glasunow habe nie Klavierunterricht gehabt, aber das konnte man nicht merken. Er spielte wunderbar, fließend und klar. Genau richtig für Ballettproben.

Natürlich lernte ich auch später noch Menschen kennen, die Tschaikowsky gekannt hatten: den Künstler Alexandre Benois, Prinz Argutinsky. Diaghilew hatte Tschaikowsky gekannt. Sie waren entfernt miteinander verwandt, und also nannte Tschaikowsky ihn gern „Onkel Petja". Diaghilew erzählte mir einmal, er habe in seiner Jugend eine Violinsonate geschrieben und sie Tschaikowsky gewidmet. Lachend fügte er hinzu, das Stück sei großer Mist.

Und das alte St. Petersburg war natürlich die Stadt der Exzentriker. Sie gaben ihr Farbe und Flair. Ich war mit einem dieser Originale ziemlich gut bekannt – Lewki Iwanowitsch Schewerschejew. Ich heiratete seine Tochter Tamara in Rußland. Schewerschejew war damals noch nicht alt. Er war sehr intelligent und reich.

Der berühmte Regisseur Wsewolod Meyerhold schrieb über Schewerschejew folgendes: „Die Peter-Stadt – St. Petersburg – Petrograd (wie sie jetzt heißt) – nur sie, nur ihre Luft, ihre Steine, ihre Kanäle sind fähig, Menschen wie Schewerschejew hervorzubringen. In St. Petersburg leben und sterben! Was für ein Glück."

Oh ja, Schewerschejew war der Inbegriff eines Petersburgers, und was für einer! Ihm gehörte eine Brokatweberei und ein Geschäft für Kirchenbedarf am Newski-Prospekt. Er baute ein Theater an der Troitskaja Straße. In Schewerschejews Fabrik wurden Gewänder und Mitren für den Patriarchen und den höheren Klerus hergestellt. Für einen Ballen Goldbrokat brauchte man ein ganzes Jahr. Ein ganzes Jahr! Der Brokat war schwer, dick, aus purem Gold. So etwas legte man dem Patriarchen um die Schultern! Ich hatte einen Freund, den Pianisten Nikolai Kopeikin. Im Rußland vor der Revolution gehörte den Kopeikins eine Knopffabrik. Die gesamte russische Armee hatte Metallknöpfe, und jeder einzelne trug die Prägung „Kopeikin". Sie machten auch Medaillen, Orden, Abzeichen, Kreuze und andere Kirchenornamente aus Gold. Und jedesmal, wenn die Kopeikins wieder einen bedeutenden Auftrag hatten, sagte man in der Fabrik: „Ja, nun haben wir wieder einen Auftrag von den Schewerschejews." Das bedeutete, die Schewerschejews hatten ein Goldkreuz oder etwas ähnliches bestellt.

Schewerschejew hatte eine wunderbare Bibliothek: nur Erstausgaben, Tausende seltener Bücher. Sie wurden in seiner riesigen Wohnung in der Grafski Allee aufbewahrt. Fünfundzwanzig Zimmer! Ihm gehörte das ganze Gebäude. Man erzählte sich, es sei Schewerschejews Idee gewesen, daß Tamara und ich heiraten sollten. Nichts da, so ist es nicht gewesen. Schewerschejew beachtete Tamara und mich gar nicht, er war vollkommen vertieft in seine einzigartige Sammlung. Ich wohnte im Hause der Schewerschejews; ich konnte nirgendwo anders hin. Dort stand auch ein wunderbares Klavier. Schewerschejew liebte Wagner und besaß seine sämtlichen Partituren. Und er sagte immer: „Bitte setzen Sie sich und spielen Sie etwas von Wagner." Ich spielte; natürlich nichts mit Gesang, diese schwierigen Ensembles, sondern meistens Introduktionen und Ouvertüren. Schewerschejew verlangte Wagner von mir, das ist wahr. Aber Tamara zu heiraten – nein. Tamara und ich heirateten ganz und gar freiwillig.

Das Petersburg meiner Kindheit war eine große, laute Stadt. Die doppelstöckigen Pferdewagen, mit denen Tschaikowsky noch fuhr, wurden durch Straßenbahnen abgelöst. Es gab nun elektrische Straßenlaternen anstelle der Gaslampen. Das Telephon trat auf den Plan und ebenso die Dampfheizung. Ich wurde in dieser Stadt geboren. Als ich klein war, führte uns unser Kindermädchen zum Spielen auf den Poklonnaja-Hügel. Dort gab es drei Teiche. Wir spielten im Suworow-Park. (Unsere Wohnung lag am Suworow-Prospekt, gegenüber der Akademie.) Das Kindermädchen spazierte mit uns am Ufer der Newa entlang, und wir warteten ungeduldig darauf, mittags die Kanonenschüsse von der Festung Peter und Paul herüberdonnern zu hören. Wir gingen in den Zoo. Tschaikowsky liebte den Petersburger Zoo sehr, er ging oft dorthin. Er freute sich besonders an den ausgelassenen Bärenjungen. Aber die Löwen und Tiger taten ihm leid. Und es ist ja auch wahr – Löwen und Tiger hinter Gittern sehen bemitleidenswert aus. Man sollte sie besser im Film anschauen.

Dann wurde ich in die Ballettschule gesteckt; deren vollständiger Name war Kaiserliche Petersburger Bühnenschule. Ich wohnte und lernte dort, ohne Vater und Mutter zu sehen. Wir hatten alles frei – also Unterkunft, Verpflegung und Unterricht wurden vom Schatzamt des Zaren getragen. Dort, in der Schule, lernten wir, aßen, schliefen – alles. Wir probten unsere Ballette in der großen Probenhalle. Außerdem hatten wir unser eigenes kleines Theater dort und eine Kapelle und eine Krankenstation. Wir stammten alle aus Petersburg, jedenfalls diejenigen, die in der Schule wohnten. Denn es war eine höfische Schule! Wir hatten besondere Uniformen – hellblau, sehr kleidsam; silberne Leiern auf unseren Kragen und Kappen – und wir wurden in Kutschen gefahren. Zwei Männer in Livree saßen auf dem Kutschbock! Wie in *Cinderella!*

… Und wir wurden von Nikolaus II. empfangen, dem Sohn von Alexander III., Tschaikowskys Gönner. Das war immer am 6. Dezember, dem Nikolaustag, dem Namenstag des Zaren. An diesem Tage (und am Namenstag der Zarin) hatten wir immer einen Gottesdienst in der Schulkapelle, und wir bekamen köstliche heiße Schokolade. Nikolaus II. liebte das Ballett *Das kleine bucklige Pferdchen*, und besonders den Marsch am Schluß, ein deutscher Marsch. Der war an der Stelle eigens für ihn eingefügt worden, und wir Kinder machten alle mit. Danach zogen wir uns um und gingen zu zweit nebeneinander, Knaben und Mädchen, um den Kaiser zu begrüßen. Mit einem Lehrer und einer Lehrerin von der Schule. Die Mädchen, glaube ich, zuerst, dann die Jungs, in Uniform, Hände an der Hosennaht.

Alle Leute stellen sich die Loge des Zaren mitten im Mariinski Theater vor. Aber tatsächlich war sie an der Seite, an der rechten Seite. Sie hatte einen separaten Eingang, ein separates Foyer und eine große private Zufahrt. Wenn man hineinkommt, ist es wie in einem kolossal großen Appartement: Kronleuchter, die Wände hellblau bespannt. Der Zar saß dort mit seiner ganzen Familie – Zarin Alexandra Federowna, der Kronprinz, die Töchter –, und wir mußten uns der Größe nach aufstellen und wurden einzeln aufgerufen: Efimow, Balantschiwadse, Michailow. Der Zar war nicht groß. Die Zarin war eine sehr große, schöne Frau. Sie war prächtig gekleidet. Die Großfürstinnen, Nikolaus' Töchter, waren ebenfalls Schönheiten. Der Zar hatte stechende, helle Augen, und er rollte sein R. Wenn er sagte: „Nun, wie geht es dir?" sollten wir die Hacken zusammenschlagen und antworten: „Höchst erfreut, Eure Kaiserliche Majestät!" Wir bekamen Schokolade in silbernen Kästchen, wundervollen silbernen Kästchen! Und die Becher waren aus erlesenem Porzellan mit hellblauen Leiern und dem kaiserlichen Monogramm. Ich habe nichts davon aufbewahrt. Damals war das alles ziemlich unwichtig für mich.

Und wie herrlich war es, unter kaiserlichem Patronat zu leben! Ich und das ganze Ballett. Wir mußten uns nicht um

Geld von reichen Kaufleuten oder Bankiers bemühen. Deshalb konnte auch Petipa Tschaikowskys Ballette so luxuriös auf die Bühne bringen. Es kostete immer ein Vermögen! Und alles, was der Zar als Gegenleistung verlangte, war der Marsch aus *Das kleine bucklige Pferdchen*.

Es war gut, daß unser Zar Kunst und Musik als wichtig erachtete. Das war zaristische Tradition und förderte Tschaikowsky und andere große russische Musiker ebenso wie das Ballett. Wir waren alle dem Zaren untertan. In der Schule hatten wir Diener und Lakaien: lauter schöne Männer in Uniform, von oben bis unten mit Knöpfen übersät. Wir standen morgens auf, wuschen uns, zogen uns an und waren schon weg. Wir machten unsere Betten nicht selbst, wir ließen alles liegen und stehen. Die Diener machten das für uns.

Wir waren ungefähr dreißig in einem Raum. In einem großen Saal! Nur Jungs; die Mädchen waren in einem anderen Stockwerk. Wir waren alle in die erwachsenen Ballerinen verliebt, die Solistinnen des Mariinski Theaters. Mit den Mädchen an der Schule hatten wir keine „Affären"; es war schwierig, sich überhaupt kennenzulernen – sie wurden ständig von den Aufseherinnen und den Dienstmädchen bewacht. Aber was noch entscheidender war, wir waren den ganzen Tag über sehr beschäftigt und wurden sehr müde. Darum hatten wir dann kein besonderes Verlangen nach Mädchen.

Wenn es wieder einmal Zeit für eine Aufführung am Mariinski Theater war – Ballett stand mittwochs und sonntags auf dem Spielplan, doch wir traten ja auch in den Opern auf –, dann hatten wir einen guten Tag. Diejenigen von uns, die sonnabends nach Hause durften, kamen dann zurück. Wir saßen zu sechst in der Kutsche – ein wundervoller Wagen, den wir Arche Noah nannten – und wurden direkt zum Theater gefahren. An Sonntagen gab es für uns ein gutes Abendessen – Hackfleischklößchen mit Makka-roni, mein Lieblingsgericht. Ich aß auch gern saure Gurken. Und einmal in der Woche gab es für uns Aprikosen-Pasteten; wir bekamen nur das Beste! Manchmal sogar *rachat-lukum* und Halvah, aber selten, denn: türkischer Honig verdirbt die Zähne.

Der schlimmste Tag war der Montag: Aufstehen um sieben, Waschen mit eiskaltem Wasser im Bottich... Brrrr... Und sofort an die Arbeit! Außer Ballett- und Musikunterricht hatten wir auch die regulären Fächer wie an anderen Schulen: Mathematik, Geschichte, Geographie, Literatur und Französisch. Ich war gut in Mathe. Und unser Mathematiklehrer war ganz ausgezeichnet. Er war fünfundvierzig (damals hielt ich ihn für uralt), ein guter, netter Mann. In den höheren Klassen ärgerten sie ihn, das gefiel ihnen. Es gab da einen Idioten, der immer den Clown spielte: er war immer mit Tinte beschmiert, er war absto-ßend und grob. Er streckte dem Lehrer die Zunge heraus, und alle lachten. Der Mathematiker weinte darüber und tat uns leid. Wir jüngeren Knaben haben uns nie über ihn lustig gemacht, wir waren sehr diszipliniert.

Geschichte und Literatur mochte ich weniger gern. Lite-ratur erschien mir so endlos, man konnte einfach nicht alles auf einmal erfassen. Wir lernten Puschkin auswendig, Lermontow, Gribojedow. Zuerst dachte ich immer, ich würde alles sofort wieder vergessen. Aber jetzt, so viele Jahrzehnte danach, stellt sich heraus, daß ich doch sehr viel behalten habe! Ich liebte den Religionsunterricht. Religion war auch Tschaikowskys Lieblingsfach, als er zur Schule ging.

Wir studierten klassisches Ballett bei Samuel Konstan-tinowitsch Andrianow. Er war ein gutaussehender, hoch-gewachsener Mann, ein brillanter Lehrer. Aber wir konn-ten nicht lange bei ihm studieren, denn er starb sehr jung an galoppierender Schwindsucht. Andrianow brachte auch selbst Ballette auf die Bühne, die mich damals schon interessierten. Für ihn waren wir allerdings unbedeutend wie Insekten. Andrianow war ein wunderbarer Siegfried in *Schwanensee*.

Wir lernten Gesellschaftstanz bei Nikolai Ludwigowitsch Gawlikowski. Das hatte ich auch sehr gern. Er lehrte uns traditionelle Tänze: *passepied, chassé* und natürlich Mazurka und Polonaise.

Wir lernten die echte klassische Technik in Reinkultur. In Moskau unterrichtete man nicht nach derselben Schule, dort wurden die Ballettschüler anders trainiert. In Moskau gab es dieses nackt auf der Bühne Herumrennen, diese Paradestücke mit viel Muskelspiel. In Moskau herrschte Akrobatik vor. Überhaupt nicht unser kaiserlicher Stil. Aber das machte sogar Sinn – schließlich lebte der Zar in unserer Stadt! Petersburg ist Versailles. Oder die Ile-de-France! Tschaikowsky mochte Moskau nicht, obgleich er dort lebte und lehrte (man hat ihn dummerweise nicht gebeten, am Petersburger Konservatorium zu lehren, weshalb er dann an das Moskauer ging); er nannte Moskau eine fremde Stadt.

Tschaikowsky schrieb an Nadeshda von Meck: „Petersburg ist – verglichen mit Moskau – eine so musikalische Stadt! Ich höre hier jeden Tag Musik. Es gibt in Moskau nichts Vergleichbares."

Natürlich nicht! Die Menschen in Petersburg liebten die Musik mehr als die Menschen in Moskau.

Es ist nicht schwierig, in Tschaikowskys Briefen unzählige Klagen über Moskau zu finden: Moskau mache ihn „trübselig und depressiv"; Moskau hat seiner Meinung nach zu

viele Bettler auf den Straßen (die Moskauer Bettler „ruinier-
ten" ihm seine Spaziergänge, wie er sich ausdrückte); im
Sommer sei Moskau „vollkommen unbewohnbar"; es sei
„stickig, staubig und ekelerregend". Und nicht zuletzt klagt
Tschaikowsky über den abscheulichen Gestank in Moskaus
Straßen.

Nun, hier übertreibt er, glaube ich. Ich war in meiner
Jugend ein paar Mal in Moskau. Die Eindrücke, an die ich
mich erinnern kann, waren eher: Phantastisch! Riesig!
Kolossal! Die Stadt ist wie eine russische Lady, die eine
Königin geworden ist. Und sie hat sich bereits schön
gemacht, trägt Pelze, Seide und Diamanten. Moskau ist eine
schöne, hochwohlgeborene Frau.

Doch Tschaikowskys Bruder Modest, dem er sehr nahe-
stand, der lebte in Petersburg. Und außer ihm lebten dort
noch viele junge Leute aus der High Society von Petersburg, die Tschaikowsky sehr gern mochte. Sie verstanden
ihn, liebten seine Musik, verehrten ihn. Sie waren Seelen-
freunde. Sie alle waren interessante, brillante junge Leute,
echte Petersburger. Schließlich war St. Petersburg nicht nur
die kaiserliche Hauptstadt, es war auch die intellektuelle
Hauptstadt Rußlands. Das muß man wissen. Selbst nach
der Revolution, als die neue Regierung sich in Moskau
etablierte, blieb Petersburg eine europäische Großstadt in
Rußland.

Anna Achmatowa, die berühmte Dichterin und eine
wunderschöne Frau, lebte auch dort. Ich bin ihr vorgestellt
worden. Ich liebte ihre Gedichte, ich besitze alles von ihr.
Und mit Michail Kusmin, einem anderen Dichter, habe ich
sogar zusammengearbeitet. Kusmin war auch ein sehr guter
Komponist. Er schrieb die Musik zu *Armer Eugen*, das auf
dem Theaterstück *Hinkemann* des deutschen Expressioni-
sten Ernst Toller basiert. Der berühmte Avantgarde-Regis-

seur Sergej Radlow inszenierte es am Alexandrinski Theater, und ich machte die Tänze dazu. Kusmin war sehr bemüht, mir zu erklären, wie die Akzente in seiner Musik zu setzen waren.

Kusmin war – so meine ich – der erste in Rußland, der Gedichte und Prosa über homosexuelle Liebe veröffentlichte. Er war ein kleiner, magerer Mann mit riesigen Augen. Sehr nett, kultiviert, der personifizierte Charme. Früher war er wahrscheinlich immer ziemlich elegant gekleidet. Aber nach der Revolution war es für die Menschen nicht mehr so einfach, ihre Kleidung in Ordnung zu halten. Dennoch schaffte es Kusmin immer, tadellos gepflegt auszusehen. Er spielte gut Klavier und liebte E. T. A. Hoffmann und Mozart. Er spielte Musik von Hoffmann für mich (die nicht viele Leute kennen) und bedauerte, daß sie mehr nach Beethoven klang als nach Mozart. Ich habe das damals alles nicht so ganz verstanden. Ich war ja erst neunzehn. Aber ich erinnere mich sehr gut an Kusmin.

Als der Zar gestürzt war, hatte das zunächst kaum Auswirkungen auf die Welt des Balletts. Religion wurde auch weiterhin an der Schule gelehrt. Das einzige äußerlich sichtbare Zeichen war, daß das Porträt von Nikolaus II. beseitigt wurde. Die Saaldiener im Mariinski Theater trugen nicht mehr ihre hübschen Uniformen, weil die Uniformen mit Epauletten bestickt waren, die den doppelköpfigen Adler – das kaiserliche Wappen – zeigten. Die Adler und die Kronen wurden entfernt und überall abgeschlagen. In Petersburg gab es natürlich Unruhen und Schießereien. Es war gefährlich auf den Straßen, und in der Schule wurde uns gesagt: „Geht nicht durch diese und jene Straßen..." Man empfahl uns, dicht an den Gebäuden entlangzugehen, damit wir nicht von Querschlägern getroffen würden.

Dann kamen die Bolschewiki an die Macht. Man erzählt sich, daß am 25. Oktober 1917, dem Tag nach dem bolschewistischen Aufstand, *Der Nußknacker* am Mariinski gegeben wurde – vielleicht war ich mit auf der Bühne, ich erinnere mich nicht mehr. Die Schule wurde für eine Weile geschlossen, doch dann wiedereröffnet. Natürlich gab es dann weniger Schüler. Aus dem großen Schlafsaal zogen wir in ein kleineres Zimmer um. Es gab kein Brennmaterial, es war kalt. Und das Essen war sehr schlecht.

Wir wirkten immer noch in Aufführungen mit, wurden aber nicht mehr in Kutschen zum Theater gebracht; jetzt fuhr man uns in langen Schlitten. Später wurden die auch abgeschafft. Aber das schlimmste war natürlich der Hunger.

Selbstverständlich war auch die Schulkapelle geschlossen. Der Kalender wurde geändert; alle Daten wurden dreizehn Tage nach vorn verlegt. Und das war aber richtig. Rußland war dreizehn Tage hinter dem Rest der Welt zurück, weil unsere orthodoxe Kirche sich nach dem alten Julianischen und nicht nach dem neuen Gregorianischen Kalender richtete, wie die gesamte restliche Welt. Ich feiere Weihnachten und andere Feste, einschließlich Neujahr, nach dem neuen Kalender, auch wenn einige alte Russen unnachgiebig den Neujahrstag am 13. Januar begehen. Das ist natürlich großer Unsinn!

Und noch eine Veränderung. Vor der Revolution sollten wir noch in althergebrachter Manier schreiben, mit dem Härtezeichen *j*. Aber die Sowjets schafften dann dieses Zeichen ab und veranlaßten noch weitergehende orthographische Änderungen. Also schreibe ich heute ohne das Härtezeichen. Wohingegen Strawinsky sein ganzes Leben lang beim *j* geblieben ist. Er hat schließlich lange vor der Revolution schreiben gelernt, und das ist eine Sache der

Gewohnheit. Ich lag genau dazwischen, weder Fisch noch Fleisch. Es spielt gar nicht eine so große Rolle, wie man schreibt, solange es gut lesbar ist. In all diesen Fragen klammere ich mich nicht an die Vergangenheit, wie einige von diesen senilen Pilzköpfen.

Es gab auch an unserem Mariinski Theater Veränderungen. Das alte Publikum floh ins Ausland oder mußte sich verstecken. Unsere neuen Zuschauer waren an klassischem Ballett nicht sonderlich interessiert. Jetzt kamen Soldaten und Matrosen in unsere Vorstellungen. Die rauchten dann im Zuschauerraum, futterten Sonnenblumenkerne und schlugen den Takt der Musik mit ihren schweren Stiefeln auf den Boden. Sie setzten sich auf die Geländer an den Logen und baumelten mit den Beinen; das hielten sie für sehr *chic*. Das Theater war natürlich nicht mehr das Kaiserliche Theater. Viele Komitees waren plötzlich entstanden: die Orchestermusiker hatten ihr eigenes, ebenso die Mitglieder des Chors, selbst die Bühnenhandwerker. Das Komitee der Bühnenhandwerker entschied, welche Ballette auf den Spielplan kamen – und entschied sich meistens für diejenigen mit der einfachsten Kulisse.

Bald wurden die Soldaten und Matrosen ihrer Besuche im Mariinski müde. Sie konnten sich dort ja nicht einmal mehr aufwärmen wie sonst: die Direktion hörte auf, das Theater zu heizen, weil es keinen Brennstoff gab. Das Wasser gefror in den Leitungen, die Leitungen platzten. Eis bildete sich in den Waschbecken. Das Corps de ballet trug langärmelige T-Shirts unter den Kostümen. Aber was half das schon den Solisten? Die bemitleidenswerten Solotänzer bekamen eine Lungenentzündung nach der anderen. Und versuchten, so bald wie möglich nach Europa abzuhauen. Die Dinge standen so schlecht, daß die Behörden das Theater schließen wollten. Ein Kommissar kam mit folgender Order aus Moskau: alle werden gefeuert, Oper und

Ballett aufgelöst. Ich gehörte inzwischen zum Corps de ballet und war fürchterlich beunruhigt. Anatoli Lunatscharski, der Volkskommissar für Erziehung und Kultur, machte sich für uns stark. Wahrhaftig ein Mann mit Kultur. Mit seiner Hilfe erreichten wir, daß das Theater in Ruhe gelassen wurde, doch die Gagen waren sehr niedrig. Selbst sehr bescheiden konnte man nicht davon leben.

Um ein wenig Geld für unsere Ernährung zu verdienen, traten wir in kleinen Gruppen auf: einer sang, einer spielte Geige, einer las Gedichte, wir tanzten. Wir traten auf, wo immer wir konnten – in der Innenstadt und in den Vororten. In Pawlowsk, in Zarskoje Selo [Dorf des Zaren] – was für herrliche Orte! Pawlowsk ist ein Ferienort in der Nähe von Petersburg. Zu Tschaikowskys Zeiten „gehörte" diese Gegend dem Großfürsten Konstantin Romanow, der ein Poet und großer Freund des Komponisten war. Tschaikowsky liebte es, im Sommer nach Pawlowsk zu kommen, gute Musik zu hören und die herrliche italienische Architektur zu genießen. Man kann *Dornröschen* viel besser verstehen, wenn man die Schönheit und Harmonie von Pawlowsk kennt. Wir lebten zu Sowjetzeiten dort. Wir belegten die verlassenen Häuser der Prinzen Jusupow. Wir stellten Betten auf und hausten dort alle zusammen; das war lustig. Es gab dort einen riesigen Ballsaal mit einem Spiegel, wo wir trainieren konnten; und einen herrlichen Garten. Jungs und Mädchen verliebten sich, weil man dort mehr Zeit und weniger Aufsicht hatte. Ich verliebte mich in Olga (Olja) Mungalowa, die später in Fjodor Lopuchows „Tanz-Sinfonie" und in unserem Jungen Ballett mitwirkte. Sie hatte ausnehmend schöne Beine. Alle akrobatischen Einlagen meisterte sie mit Leichtigkeit.

Wir traten überall auf, sogar im Zirkus. Tschaikowsky ging übrigens sehr gern in den Zirkus. Er liebte alle möglichen Veranstaltungen dieser Art: Varieté-Vorstellungen, Cabaret. In dem Zirkus führten wir einen hinduistischen Tanz auf und bekamen für jede Vorstellung einen Laib Brot. Als ich klein war, besuchte ich manchmal den Zirkus Chinizelli in Petersburg. Ich hätte nicht gedacht, daß ich selbst jemals in einem Zirkus auftreten würde. Andernorts bekamen wir einen Sack Weizen oder Mehl, manchmal sogar einen ganzen Schinken. Wenn unsere Vorstellung gefallen hatte, bekamen wir gelegentlich sogar ein paar Stückchen Zucker als Trinkgeld. Das war dann ein echter Bonus, wie eine hohe Auszeichnung. Unser populärstes Stück war ein Matrosentanz, den wir „Matelot" nannten. Danilowa, Efimow und ich stellten junge Matrosen dar, die an einem unsichtbaren Mast emporkletterten und zur Polkamusik die Segel losmachten. Das war natürlich nicht hohe Kunst, aber wir gaben uns Mühe, es fröhlich und professionell zu machen. Andernfalls hätten wir vielleicht überhaupt nichts zu essen bekommen, nur Geld, *sowsnaks*, das völlig wertlos war. Man konnte für diese Papierschnipsel überhaupt nichts kaufen.

Die beste Entlohnung erhielten wir an privaten Abenden in den Häusern von großkopferten Kommunisten. Dort bekamen wir amerikanische Konserven, alle möglichen Waren aus dem Westen. Die Amerikaner schickten Hilfsgüter für die Hungernden in Rußland. Und wie üblich, landete ein beträchtlicher Teil dieser Güter in den Kammern der Bonzen. Ich erinnere mich, daß wir dort *pâté* bekamen; sehr wohlschmeckend.

Am Mariinski Theater gab es allerlei interessante Inszenierungen. Unser neuer Direktor, der Ballettmeister Fjodor Lopuchow, brachte seine berühmte „Tanz-Sinfonie" *Grandeur of the Universe* nach Musik von Beethoven auf die Bühne, und ich wirkte darin mit. Was Lopuchow hier entwickelte, war für die damalige Zeit erstaunlich. Er war von Literatur und Malerei inspiriert, aber es war dennoch im Grunde reiner Tanz, eine echte Choreographie. Man könnte sagen, das Werk eines Genies! Andere versuchten ebenfalls, etwas Neues, Interessantes herauszubringen, aber das war lauter dummes Zeug, nur Lopuchow war wirklich ein Genie. Er behandelte mich gut, brachte mich vorwärts. Einige andere standen beisammen und kritisierten Lopuchow, nicht aber ich; ich strengte mich an, ich arbeitete mit ihm, ich lernte von ihm.

So war es in meinem dritten Petersburg. Denken Sie nicht, daß wir immer nur vor Kälte und Hunger zitterten. Nein, wir hatten auch Spaß, wir gingen ins Kino. Ich liebte das Kino. Damals nannten wir die Filme „Streifen". Während meiner Schulzeit gingen wir nicht sehr viel ins Kino, die Erzieher fanden die Filme nicht passend für uns – alle möglichen Melodramen wie zum Beispiel ein Opus in vier Teilen „über die Abenteuer einer ehemaligen Schönheit in den Abgründen der Gesellschaft". Außerdem gab es noch nicht so viele Filmtheater. Doch dann kamen endlich auch westliche Filme zu uns. Mir gefielen besonders die deutschen UFA-Filme mit Conrad Veidt und Werner Krauss. Der Foxtrott wurde populär. Man tanzte ihn nicht nur auf Partys, sondern sogar auf der Bühne. Das Publikum liebte den Foxtrott – ich aber nicht; niemand wußte nämlich genau, wie man ihn tanzt. Die Leute haben sich einfach irgendwie bewegt, sind herumgehüpft wie die Idioten und haben es dann Foxtrott genannt. Aber mit dem korrekten Tanz hatte das nichts zu tun.

Zu Hause, auf unseren Parties, tanzten wir alles, improvisierten wir. Das machte großen Spaß. Es war sehr schwierig, etwas Anständiges zum Anziehen zu ergattern, aber wir versuchten, uns geschmackvoll zu kleiden.

Auf diese Weise habe ich Petersburg mit ganz unterschiedlichen Lebensformen erlebt – mindestens drei verschiedene Städte: das alte Petersburg, dann die Stadt meiner

Kindheit, und schließlich das Petersburg nach der Revolution. Ich habe Petersburg festlich und strahlend, aber auch beinahe menschenleer gesehen, mal glücklich, mal grimmig. Aber immer war es eine große Metropole für mich – ganz gleich, wie oft sein Name sich über die Jahre änderte (erst St. Petersburg, dann Petrograd, jetzt Leningrad*).

Häufig werde ich gefragt: „Was für eine Nationalität haben Sie – die russische oder die georgische?" Und manchmal denke ich dann, mein Blut ist georgisch, meine Kultur ist russisch, meine Nationalität ist petersburgisch. Ein Petersburger zu sein ist nicht dasselbe wie ein Russe zu sein – ein *Russki*. Petersburg ist immer eine europäische Großstadt gewesen, kosmopolitisch. Tschaikowsky ist auch ein Petersburger; darum kann man seine Musik auch nicht *russki*-Musik nennen, selbst wenn viele seiner Melodien russisch sind. Darum würde ich Tschaikowsky immer einen großen Komponisten aus Rußland nennen.

In Petersburg lebten die Menschen, die Tschaikowsky am nächsten standen; hier hatte er studiert, hier war er gestorben und beerdigt. Tschaikowskys Musik reflektiert die Architektur Petersburgs, ihre Proportionen, den durch Italien und Mozart geprägten Geist dieser Stadt. Es ist eine elegante, kosmopolitische Stadt, wo das Leben Spaß machte. Aber die Menschen dort verstanden auch die Künste und konnten hart arbeiten, ohne sich zu schonen. Die Petersburger waren höfliche Menschen, aber unprätentiös, ohne die englische Steifheit. Sie wußten, was Tradition bedeutete, doch sie wollten auch Neues und Interessantes erfinden – im Leben, in der Musik, in der Dichtung und im Tanz. Wie gut, ja wie gerecht ist es doch, daß Tschaikowsky – Seite an Seite mit Puschkin und Strawinsky – ein Petersburger war.

* Seit dem Zerfall der Sowjetunion heißt die Stadt wieder St. Petersburg. D. Ü.

IV

Der Mensch

Der Mensch und der Musiker Tschaikowsky sind nicht voneinander zu trennen – so sehe ich es jedenfalls. Tschaikowsky war in Gedanken immer bei seiner Musik. Da er aber ein extrem höflicher Mensch war, hat er seinen Gästen niemals signalisiert: Seht, ich bin beschäftigt, laßt mich allein. Er war ein aufmerksamer und fürsorglicher Gastgeber, wie es eben die echten Petersburger sind. Er speiste gern mit Gästen, setzte sich dann ans Klavier und spielte mit einem von ihnen vierhändig Mozart oder hörte zu, wenn einer aus der Runde etwas vorlas.

Ich verstehe nicht ganz, wie man Leben und Werk getrennt betrachten kann. Tschaikowskys Leben ist nur deshalb interessant, weil es das Leben eines großen Musikers war. Man muß von seinem Leben sprechen als sei es seine Musik, und wenn man seine Musik analysiert, muß man sich daran erinnern, wie Tschaikowskys Leben beschaffen war.

Tschaikowsky schrieb an den Großfürsten Konstantin, daß er „buchstäblich nicht leben kann, ohne zu arbeiten". Er führte aus, daß er sofort nach Fertigstellung einer Komposition, wenn er ein wenig der Ruhe genießen wollte, von „Depression, Langeweile, Gedanken über die Eitelkeit des Erdenlebens, Zukunftsängsten, Gedanken des Bedauerns über die Fruchtlosigkeit der unwiederbringlichen Vergangenheit, quälenden Gedanken über die Bedeutung des Lebens" heimgesucht wurde. Um von diesen depressiven

Gedanken loszukommen, mußte Tschaikowsky sofort eine neue Komposition auf Kiel legen. Und dann fing er richtig an zu arbeiten: „Ich bin so geschaffen, daß ich etwas Angefangenes nicht ruhen lassen kann, bis es beendet ist."

Das ist richtig! Wenn man erst einmal eine Arbeit angefangen hat, kann man nicht mehr unterbrechen. Wenn man eine Suppe kocht, muß man sie auch gleich ganz zum Sieden bringen – ein bißchen warm machen, abkühlen lassen, wieder aufwärmen und erkalten lassen: so würde sie nicht gelingen.

Vielleicht ist das der Grund, warum Tschaikowsky Feiertage nicht ausstehen konnte. „An Wochentagen arbeitet man nach Plan", schrieb er, „und alles läuft glatt, wie bei einer Maschine; an Feiertagen fällt dir die Feder aus der Hand, man möchte Menschen um sich haben, sich mit ihnen entspannen. Man fühlt sich verwaist und allein."

Ja, an Feiertagen fühlt man sich einsam und verlassen. An normalen Wochentagen hat man seine gewohnte Ordnung, die Leute arbeiten, haben ihre Termine, die Geschäfte sind geöffnet, allen geht es gut. An Feiertagen hat man das Gefühl, man sei plötzlich der Realität entrückt, wie in einem Film: etwas Fremdes, Ungewohntes geschieht, und man ist nur Zuschauer. Man möchte nicht einmal daran teilnehmen.

Für mich ist das Leben an Feiertagen viel schwieriger. Kein Mensch ist auf der Straße. Die wenigen Spaziergänger sind fein angezogen; und man weiß überhaupt nicht, was sie vorhaben. Tschaikowskys Beobachtung ist vollkommen korrekt! Und dann kommt der normale Wochentag, und das Leben ist wieder ganz einfach.

Man kann aber nicht sagen, daß Tschaikowsky sich in die Arbeit stürzte, nur um seine Sorgen zu vergessen, um sich vom Leben abzulenken. Musik ist für ihn auch eine strahlende und freudige Kraft. Nadeshda von Meck verglich Musik einmal mit einem Rausch. Tschaikowsky war entschieden anderer Meinung: „Das scheint mir falsch. Ein Mensch spricht dem Weine zu, um sich selbst zu täuschen, um die Illusion von Glück zu erlangen! Das kann fürchterliche Folgen haben. Der Wein bringt nur vorübergehend ein Vergessen von Schmerz und Verzweiflung. Und ist das etwa die Wirkung der Musik? Musik ist keine Täuschung, Musik ist eine echte Offenbarung. … Sie bringt Freude und Erleuchtung."

Laut Tschaikowsky tröstet uns die Musik für unser ganzes Leben, während Alkohol das nur vorübergehend kann. Und doch liebte Tschaikowsky einen guten Wein, liebte spritzigen, süßen Champagner, ebenso einen guten Cognac. Davon konnte er ziemlich viel vertragen. In Augenblicken der Verzweiflung hat ein Künstler das Recht auf einen Drink. Und für uns Künstler ist Verzweiflung ein normaler Zustand. Der Künstler trinkt etwas und – ah! – sofort scheint ihm etwas Gutes zu widerfahren. Und seine Depression verschwindet. Sie mag zwar später wiederkommen, aber der erste Augenblick nach einem Drink ist wunderbar! Tschaikowsky fordert nicht, Schluß mit dem Alkohol! Wie ich es sehe, will er sagen, daß Musik einen viel mehr berauschen kann als der beste Champagner. Und damit hat Tschaikowsky absolut recht.

Tschaikowsky scheint aus Widersprüchen zu bestehen. Er mag nicht gern reisen, ist aber ständig unterwegs; er sucht immerfort die Einsamkeit, ist aber häufig auf Gesellschaften; er haßt es, wenn für seine Musik Werbung gemacht

wird, tut aber selbst alles, damit sie bekannt wird und wird
sogar aus diesem Grunde selbst Dirigent. Tschaikowsky hat
seine Meinung über seine eigenen Werke häufig geändert.
Zum Beispiel sagte er zunächst, die 5. Sinfonie sei „gut
angekommen"; nach ein paar Aufführungen „kam er zu
dem Schluß, daß die Sinfonie kein Erfolg" sei und beklagte,
daß ihm der letzte Satz „fürchterlich abstoßend" vor-
komme. Doch schließlich mochte er die Sinfonie dann
wieder ganz gern.

Darin verstehe ich Tschaikowsky sehr gut; das ist kein
Zeichen von schwachem Charakter oder unsicherem
Talent. Das ist etwas ganz anderes. Wenn ich ein Ballett
fertig choreographiert habe, dann kann ich – so wahr mir
Gott helfe – auch nicht sagen, ob es gelungen ist oder nicht.
Einerseits hätte ich es nicht abgeschlossen, wenn ich es so
nicht gut fände. Andererseits... Sehen Sie, in der Kunst ist
es selten, daß einem etwas ohne Einschränkungen gefällt
oder mißfällt – vom Anfang bis zum Ende. Man bewertet
ein Werk abschnittweise, die einzelnen Teile. Zum Beispiel,
man fängt mit etwas an, das einem gut gefällt. Dann fährt
man fort, und es nimmt plötzlich eine andere Wendung.
Diesen Teil mögen Sie weniger gern, aber dennoch fahren
Sie fort.

Dann kommt die Phase, wo man das Ganze nicht mehr
mag; man denkt, ach! das ist ja überhaupt nicht gut, warum
habe ich das nur gemacht? Aber man hält durch, und am
Schluß ist es dann doch wieder gut. Und wenn man das
Ganze dann beendet hat – was soll man dann sagen: mag
man es oder nicht?

Das ist besonders typisch für Tschaikowsky, weil er sich
weniger um das musikalische Material kümmerte als viel-
mehr um dessen Weiterentwicklung. Glasunow hat einmal

zu ihm gesagt: „Pjotr Iljitsch, Sie sind ein Gott, da Sie alles
aus dem Nichts heraus schaffen."

Selbst wenn Tschaikowsky bei einem anderen Komponisten eine musikalische Anleihe macht, wirkt die Melodie bei ihm so eigenständig! In seiner Oper *Jolanthe* ist eines der Hauptthemen ein Lied von Anton Rubinstein. Und Rimski-Korsakow war darüber sehr unglücklich! Ich bin der Meinung, wenn man etwas von anderen gut findet – warum soll man es nicht verwenden? Das wichtigste ist, daß es natürlich wirkt und hineinpaßt. Dann vergißt man schließlich sogar selbst, daß man es abgeschrieben hat. Und man ist zufrieden, denkt: habe ich das nicht gut gemacht? So etwas kommt vor, wenn man einen Abgabetermin hat und sehr schnell arbeiten muß.

Tschaikowsky machte sich immer viele Gedanken darüber, was die Kritiker wohl über sein neuestes Werk sagen würden. Er verfolgte die Rezensionen haargenau und klagte dann: „In Rußland gibt es nicht einen einzigen Kritiker, der mit Wärme und Freundschaft über mich schreibt. In Europa sagt man sogar, meine Musik ‚stinkt'!!!" Hermann Laroche, Tschaikowskys Freund, erinnerte sich: „Die Feindseligkeit der armseligsten Schmierfinken konnte Tschaikowsky zutiefst verletzen."

Die Kritiker haben ihn nicht verstanden. Selbst wenn sie ihn lobten, taten sie dies ausnehmend dümmlich. Das kommt häufig vor: man wird gelobt, aber aus den falschen Gründen. Ich für mein Teil mag dümmliche Lobhudelei überhaupt nicht. Es heißt dann, dies sei das Werk eines Genies, genial, aber es wird nicht gesagt, warum das Werk so gut ist.

Manchmal indessen ist es auch schön, wenn jemand dasselbe am eigenen Werk liebt wie man selbst. Man denkt dann – oh, das ist gut, es gibt noch jemanden, dem das aufgefallen ist!

Obgleich Tschaikowsky immer arbeitete, haderte er mit sich wegen seiner Faulheit: „Ich habe Kraft und Fähigkeiten – aber ich leide an einer Krankheit, die man Oblomowismus nennt. Wenn ich diese Krankheit nicht überwinde, werde ich wahrscheinlich zugrunde gehen." Und Tschaikowsky fährt fort und sagt, er habe Angst vor seinem „Mangel an Charakter" und daß seine „Faulheit ihren Tribut" fordern wird.

Wir haben Iwan Gontscharows Roman *Oblomow* in der Schule gelesen. [Der Held dieser Geschichte, ein russischer Großgrundbesitzer, liegt immer auf seiner Couch und tut nichts. Oblomowismus ist in Rußland ein weitverbreiteter Ausdruck.] Und in uns allen ist etwas von Oblomow. Manchmal denke ich, daß mein Leben nur aus Oblomowismus besteht! Ich habe so wenig geschaffen. Sehen Sie nur, wieviel Tschaikowsky geschaffen hat! Ich glaube allerdings, daß das, was die Russen Oblomowismus nennen, nicht nur Trägheit oder eine Abneigung gegen Arbeit beinhaltet. Es steckt auch eine Ablehnung von übermäßiger Hektik, von Schaumschlägerei, in diesem Begriff, die bewußte Entscheidung, sich nicht an dem Wettlauf nach den Phantomen Ruhm und Erfolg zu beteiligen. Hier im Westen rennen die Menschen allzeit umeinander – schnell, schnell, wie Eichhörnchen in ihrem Laufrad. Das sieht zwar nach Bewegung aus, aber wo sind die Resultate? Der Russe sagt: „Ich will nicht mitmachen bei eurem Jahrmarkt der Eitelkeiten, ich lege mich lieber auf die Couch und ruhe mich aus." Man kann auf einer Couch über recht viele interessante Dinge nachdenken. Das ist das Orientalische im russischen Menschen.

Auch wenn die scheinbare Wankelmütigkeit Tschaikowskys viele Menschen glauben machte, er sei eine sanfte und beeinflußbare Natur, so machte er doch kaum Rückzieher, wenn es um seine Kompositionen ging. Ein gutes Beispiel hierfür ist von Tschaikowsky selbst überliefert. Er spielte sein soeben fertiggestelltes 1. Klavierkonzert Nikolai Rubinstein vor, dem berühmten Pianisten und Direktor des Moskauer Konservatoriums, wo Tschaikowsky Komposition lehrte. Tschaikowsky wollte von ihm nur ein paar Vorschläge, wie er die Kadenz noch glanzvoller machen könnte, doch – so schrieb er – es erwartete ihn eine unangenehme Überraschung. „Es stellte sich heraus, daß mein Konzert nichts taugte; es sei praktisch unspielbar; ganze Passagen seien abgedroschen, plump und so unpianistisch, daß man sie nicht notieren könne; als Komposition sei das Konzert schlecht und vulgär; ich hätte hier und dort alles zusammengeklaut; und überhaupt könnte man nur zwei oder drei Seiten des ganzen Konzerts gebrauchen – der Rest müsse entweder vernichtet oder vollkommen überarbeitet werden."

Tschaikowsky war in seinem beruflichen Stolz tief getroffen. „Man könnte meinen, ich sei ein Verrückter, ein untalentierter und unausgebildeter Schreiberling, der zu einem berühmten Musiker ging, um ihm sein Gewäsch zu Füßen zu legen." Zuerst konnte er – so Tschaikowsky in seinen eigenen Worten – „kein Wort herausbringen vor Erregung und Wut", doch als er dann sprach, war seine Antwort an Rubinstein entschlossen und kurz: „Ich werde keine einzige Note ändern!"

Tschaikowsky hatte absolut recht mit seiner Antwort! Interpreten haben oft eine zu hohe Meinung von sich selbst. Und noch schlimmer – sie irren sich häufiger als sie recht haben. Sie sagen: „Diese Musik taugt nichts! Wir werden sie nicht spielen!" Dann vergeht einige Zeit, und es stellt sich heraus, daß das Publikum diese „schlechte" Musik liebt. Dann beginnen die Interpreten, diese Musik immer häufiger zu spielen. Und übersehen dabei völlig, daß sie sie früher abgelehnt haben. Nikolai Rubinstein hat Tschaikowskys Konzert später viele Male und sehr erfolgreich aufgeführt – genau dasjenige, das er bei erstem Hören so unbarmherzig kritisiert hatte. Tschaikowsky kannte den Wert seines Talents. Er sagte sogar einmal, sein „größter Fehler" sei sein „verzehrender Stolz". Ich kann verstehen, welch kolossale Motivation Stolz sein kann, der heiße Wunsch, besser zu sein als der Rivale, besonders wenn man jung ist. Ich erinnere mich daran, wie ich meine ersten Ballettnummern auf die Bühne brachte und so gern mit etwas Besonderem glänzen wollte, daß alle Leute sagen würden: „Ja, das ist besser als Boris Romanow! Interessanter als Kasjan Goleisowsky!" Diese Rivalität gab es in der Tat.

Tschaikowsky ist in der Lage, über seine Musik mit nüchterner Professionalität zu sprechen: „Ich möchte, ich wünsche, ich habe es gern, *daß die Leute an meiner Musik interessiert sind, sie loben und lieben... Ich möchte, daß mein Name ein* Markenzeichen *ist, welches meine Waren von anderen unterscheidet; daß sie wegen dieses Markenzeichens geschätzt werden, ihren Absatz finden und berühmt werden." Aber Tschaikowsky kann auch sein Entzücken und seine Verzweiflung wie ein eingefleischter Romantiker herausströmen lassen. Er weint häufig. Auf Konzertreise in New York konnte er ein zu Herzen gehendes Gespräch mit einer unbekannten Russin haben, plötzlich in Tränen ausbrechen und aus dem Zimmer laufen. Tschaikowsky weint, wenn er Musik hört und komponiert; er weint, wenn er allein ist und in seinem Hotelzimmer auf- und abgeht. In seinem Tagebuch gibt er zu, daß ihm dies regelmäßig passiert:* „Wie immer nach einem Tränenausbruch, hat der *alte Schreihals" – so nennt er sich selbst – „wie tot geschlafen und ist erfrischt aufgewacht, allerdings mit einem neuen Vorrat an Tränen, die unaufhörlich fließen."*

Ich muß als Kind geweint haben, aber ich erinnere mich nicht genau. Ich erinnere mich aber, daß Diaghilew geweint hat. Die Männer von unserem Theater weinen. Das ist in Ordnung so. Ich selbst würde bitterlich schluchzen, wenn jemand, der mir lieb ist, stirbt. Sonst gehöre ich eher zu denen, die ihre Tränen zurückhalten, sie nicht herauslassen. Manchmal denke ich heutzutage: nun, etwas Wichtiges geschieht jetzt; alles geht gut, und plötzlich – muß man sterben, in ein Grab gelegt werden. Und dann ist mir nach Weinen zumute, aber immer noch weine ich nicht. Weil ich verantwortlich bin für das Theater, für andere Menschen. Tschaikowsky mußte nicht für andere eintreten, also konnte er sich gehenlassen und weinen. Schließlich sind Männer nicht stärker als Frauen, sie tun nur so. Übrigens sollten Männer viel häufiger und heftiger weinen als Frauen. Weil sie größer sind als Frauen. Und die Absonderungen, woraus die Tränen bestehen, stärker fließen. Männer ertragen Schmerzen oder Unglücklichsein schlechter als Frauen: Unglück beugt eine Frau – ein Mann wird gebrochen.

Tschaikowsky wußte den Komfort und die Annehmlichkeiten des Stadtlebens zu schätzen. Ebenso konnte er aber ausrufen: „Ah, die russische Landschaft, der russische Frühling!! Das ist von allem, was ich liebe, das Schönste." Er war ein leidenschaftlicher Pilzsammler und hatte viel Freude an seinem Blumengarten: „Je näher man dem Alter kommt, desto stärker empfindet man die Freuden, die aus der Nähe zur Natur erwachsen."
Für Tschaikowsky war das Leben auf dem Lande zuerst und vor allem die Möglichkeit, Einsamkeit zu genießen:

„Ich befinde mich in einem Zustand geistiger Erregung und Glückseligkeit, wenn ich tagsüber in den Wäldern umherwandere, abends durch die endlose Steppe streife und des Nachts am offenen Fenster sitze und der feierlichen Stille lausche."

Ich liebe das Landleben auch. Als ich klein war, lebten wir das ganze Jahr über in Lounatiokki, in Finnland. Mein Vater baute dort ein Haus. Es war schön dort. Unser Haus lag direkt im Wald, unsere nächsten Nachbarn waren weit, weit entfernt. Meine Mutter liebte und züchtete Blumen, und wir halfen ihr dabei. Wir hatten jede Menge Stecklinge in kleinen Töpfen. Ich erinnere mich an Stiefmütterchen. Ich liebe auch Rosen und Nelken. Aber eigentlich mag ich Rosen lieber, Nelken haben einen strengeren Geruch. Natürlich weiß ich selbst sehr wenig über Gartenarbeit. Ich habe hier jetzt auch ein kleines Haus. Es müßte einmal richtig in Ordnung gebracht werden, aber ich habe nicht die Zeit. Ich habe keine Frau – es ist niemand da, der sich darum kümmert. Es gibt sehr nette Menschen, die bereitwillig helfen und alles machen würden. Aber ich mag es nicht, wenn andere etwas für mich tun. Ich will unabhängig sein, das ist das georgische Blut in mir.

Ein großer Schock in Tschaikowskys Leben war das Scheitern seiner Ehe, als er siebenunddreißig Jahre alt war. In seinen Briefen an Frau von Meck und an seine Brüder beschrieb Tschaikowsky, wie die Ehe zustande gekommen war. Er hatte einen Liebesbrief von Antonina Miljukowa erhalten, einer ehemaligen Studentin am Moskauer Konservatorium; Tschaikowsky antwortete nicht nur, sondern verabredete sich auch mit ihr. In seinen eigenen Worten: „Ich traf mich mit meiner zukünftigen Gemahlin, sagte ihr offen, daß ich sie nicht liebe, ihr aber ein getreuer und dankbarer Freund sein würde; ich beschrieb ihr genau meinen Charakter – reizbar, unausgeglichen, mit einsiedlerischen Tendenzen. Dann fragte ich sie, ob sie meine Frau sein wollte. Die Antwort war natürlich positiv... Ich machte mir dann klar, daß man seinem Schicksal nicht entrinnen kann und daß mein Zusammentreffen mit dieser jungen Frau etwas Fatales an sich hatte. Laß sein, was sein wird." Doch, so Tschaikowsky, sobald die Trauungszeremonie vorüber war, fand er seine Frau höchst abstoßend: „Mir kam es vor, als ob ich oder jedenfalls der beste oder einzig gute Teil meines Selbst, i.e. meine Musikalität, unwiederbringlich verlorengegangen sei. Meine Zukunft stand vor mir auf wie ein Bild des Jammers, wie eine höchst unerträgliche, bedrückende Tragikomödie. Sein ganzes Leben sich verstellen müssen, ist wohl das größte Leiden. Wie konnte ich noch an mein Werk denken? Ich fiel in tiefe Verzweiflung. Ich fing an, leidenschaftlich auf meinen Tod zu hoffen."

Ich war immer schon der Meinung, daß der Hauptgrund für Tschaikowskys Trennung von seiner Frau seine Angst war, er könnte aufhören zu komponieren, würde sein musikalisches Talent verlieren. Wenn es das nicht gewesen wäre, hätte er womöglich weiterhin mit dieser Frau zusammengelebt und den Schein gewahrt. Doch er fühlte sich weder zu ihr hingezogen, noch konnte er sich mit ihr unterhalten. Diese Frau kannte nicht eine einzige Note von seinen Kompositionen.

Nun, das kann in jeder Ehe vorkommen. Als ich zum ersten Mal heiratete, war ich jung, und das Ganze interessierte mich nicht im geringsten. Verheiratet... nun gut, sind wir also verheiratet. Dann gingen wir beide ins Ausland. Und dort schaut man sich dann um, und es gibt so viele wunderbare Frauen. Und meine Frau [Tamara Geva bzw. Schewerschejewa] bewegte sich von unserem Leben fort, von unserem russischen Leben. Sie sprach französisch und deutsch, müssen Sie wissen. Sie wollte immer irgendwo hingehen, etwas sehen, etwas machen.

Ich spürte, daß sie neue Interessen entwickelt hatte. Und dann dachte ich, es wird Zeit, einen Schlußstrich zu ziehen.

Als Tschaikowsky ein paar Jahre später erfuhr, daß sein Bruder Anatoli sich verheiraten wollte, schrieb er an ihn: „Es gibt ein bestimmtes Bedürfnis nach Zärtlichkeit und Fürsorge, das nur von einer Frau befriedigt werden kann. Manchmal werde ich übermannt von dem wahnsinnigen Verlangen, von einer Frauenhand geliebkost zu werden. Von Zeit zu Zeit, wenn ich Frauen mit schönen Gesichtszügen sehe (übrigens nicht unbedingt junge), dann fühle ich, wie angenehm es wäre, den Kopf in ihren Schoß zu legen und ihre Hände zu küssen."

Ich kann verstehen, daß es so ein impulsives Verlangen geben kann. Aber ich selbst habe nie so etwas erlebt. Ich habe ein wunderbares Verhältnis zu Frauen; auch mit meinen Ex-Ehefrauen. Wir besuchen uns, reden, lachen. Es gab nie eine innere Distanz zwischen uns. Aber was Tschaikowsky da schreibt, habe ich nie erlebt.

Eine der berühmtesten und „romantischsten" Episoden in Tschaikowskys Leben war seine vierzehnjährige Brieffreundschaft mit der reichen Witwe Nadeshda von Meck. Sie zahlte Tschaikowsky einen monatlichen Unterhalt, den der Komponist dankbar annahm; jedoch trafen sie sich nie (außer durch Zufall), wie es ihre Bitte war und verkehrten auch nicht miteinander. Als Nadeshda von Meck im Jahre 1890 plötzlich aufhörte, Tschaikowsky zu unterstützen (eine Version besagt, daß sie von seiner Homosexualität erfahren hatte), war das für den Komponisten ein harter Schlag.

Die von Meck war eine reiche Frau, und natürlich liebte sie Tschaikowsky. Sie liebte ihn als Komponisten und, vermutlich, auch als einen Mann, den sie gut aus seinen Briefen kannte. Sie unterstützte ihn in einer schwierigen Zeit seines Lebens. Das war sehr nett von ihr. Frau von Meck war in der Tat eine außergewöhnliche Frau; Frauen ihrer Art findet man heutzutage nur noch selten. Als ich noch in Rußland lebte, kannte ich keine einzige. Und später, als ich mit Diaghilew zusammen war, fiel es uns auch nicht leicht, Frauen wie sie kennenzulernen. Diaghilew gab nie Gesellschaften, er ging lediglich aus, wenn er eingeladen war. Und dann gibt – nur als Beispiel – die berühmte und reiche Coco Chanel eine riesige Party; wir sind alle eingeladen, haufenweise Gäste. Und es ist ganz unmöglich, die einzelnen zu erkennen: alle Frauen sind modisch gekleidet, *comme il faut*, aber welche nun reich sind – man hätte es nicht sagen können. Tschaikowsky hatte Frau von Meck auch nicht auf einer Party kennengelernt, sondern durch ihren Briefwechsel.

Tschaikowsky fühlte sich wahrscheinlich in der Gesellschaft von Männern wohler, besonders als er älter wurde. Es ist anstrengend, sich mit jungen Frauen zu unterhalten, wenn man selbst nicht so jung ist, wenn man schon über fünfzig ist. Wenn die Mädchen siebzehn sind, möchten sie siebzehnjährige Freunde haben. Ja, hierüber kann man philosophieren: was ist, ist; was sein wird, wird sein. Und es kann einen auch ärgern, besonders wenn man nicht nur einen guten Eindruck machen will, sondern sich ernsthaft angezogen fühlt. Wenn man ganz einfach nur die Gesellschaft von einigen jungen Mädchen genießt, dann spielt das natürlich keine Rolle. Nun, was machen die sich schon aus dir? Nicht viel… Aber wenn du an einer sehr interessiert bist, dann kann das unheimlich weh tun. Liebe ist eine sehr wichtige Angelegenheit im Leben eines Mannes, besonders gegen Ende des Lebens. Wichtiger noch als die Kunst. Wenn man alt wird, so denkt man, die Kunst kann warten, aber eine Frau wartet nicht. In der Kunst glaubt man bereits, dies und das zu verstehen. Aber bei einer Frau ist das nicht der Fall, man kann sie nicht ganz und gar verstehen, bis ins Letzte nie, niemals. Vielleicht mag sie jemand anderen, oder man spannt sie jemandem aus. Und dann denkt man – das ist doch nicht nötig! Und alles ist so konfus, so kompliziert... Entsetzlich!

Ich glaube, daß Tschaikowsky sich mit jungen Männern gut und entspannt fühlte. Frauen hatten immer sofort Forderungen an ihn. Seine Ex-Frau bombardierte ihn ihr ganzes Leben lang mit Briefen, sie verfolgte ihn damit. Es gibt Menschen, die derartige Dinge ganz ruhig hinnehmen, denen das nichts ausmacht. Aber Tschaikowsky konnte das nicht. Mit Männern konnte er wahrscheinlich befreundet sein und sie sogar lieben, weil sie keine Exklusivität verlangten. Tschaikowsky wollte niemandem exklusiv gehören, hundertprozentig, weil er Angst hatte, er würde dann aufhören zu komponieren. Musik war das Wichtigste in seinem Leben. Er wollte mit seiner Musik allein sein. Und das war schwierig.

Es wurde gesagt, Tschaikowsky sei ein Misanthrop, weil er sich so sehr bemühte, sich den Menschen zu entziehen. Er fühlte sich von der Notwendigkeit gemartert, Party-Gespräche mit wohlhabenden Ladys führen zu müssen. Allesamt waren sie doch schreckliche Zeitverschwendung! All dieser Blödsinn über das Wetter, das Geratsche über irgendeinen berühmten Tenor... oder Sopran... Und jedes zweite Wort ist dann „wunderschön, wunderschön". Das ist Marter! Und man muß buckeln und lächeln. Um derartigen schlimmen Unterhaltungen zu entfliehen, tat Tschaikowsky manchmal so, als sei er nicht er selbst. Daß er dem Komponisten Tschaikowsky nur ähnele. Er trank lieber einen mit seinem Diener, als in der Öffentlichkeit zu erscheinen.

Tschaikowskys westliche Biographen unterstreichen oft die Liebe, mit der er seine Diener behandelte und sogar die Diener seiner Freunde. So manches Mal wurde daraus der Schluß gezogen, diese Diener seien Teil seines homosexuellen Zirkels gewesen. Vielleicht ist dem so. Es ist aber schwierig, hier etwas mit Gewißheit aufrechtzuerhalten, weil es keinerlei belegbare Beweise gibt. Es scheint allerdings, daß in Rußland Beziehungen mit Bediensteten traditionell auf einer anderen Gefühlsebene angesiedelt waren, als das im Westen üblich war. Darum konnte Tschaikowsky in seinen Tagebüchern auch nichts anderes als die typisch russische „erleuchteter barin [Meister]“-Einstellung gegenüber seinem Diener zum Ausdruck bringen, wenn er über ihn schreibt: „Was für eine wundervolle Persönlichkeit. Mein Gott! Und dann gibt es Leute, die über Lakaien die Nase rümpfen, weil sie Lakaien sind. Wieso nur, ich kenne niemand sonst, dessen Seele reiner wäre oder edler…“

Die Menschen in Rußland liebten ihre Diener von jeher. Drum bin ich überhaupt nicht überrascht, daß Tschaikowsky seinem Diener liebevolle Briefe schrieb. Hier im Westen behandeln die Leute ihre Diener viel kälter. Und Orientalen sprechen noch nicht einmal mit ihnen. Wenn ein Diener etwas zu seinem orientalischen Herrn sagt, dann hört dieser zwar zu, schaut aber nicht hin, reagiert nicht, bewegt unter Umständen höchstens einen Finger. Oder macht so – mit seinen Augen – und das ist alles! In den Vereinigten Staaten sieht man manchmal Menschen, die ihre Haustiere besser behandeln als ihre Diener.

Übrigens weiß ich, daß Tschaikowsky Hunde und Katzen liebte, aber zu Hause hatte er nur einen Hund, dem er verschiedene Kunststückchen beibrachte. Als die Strawinskys in Kalifornien lebten, hatten sie zwei Katzen, Vaska und Pancho. Vaska war der Lieblingskater, er brachte es fertig, sie von der anderen Katze zu befreien. Vaska wollte seinen Herrn mit niemandem teilen. Ich hatte auch eine Katze, Murka, eine gute Katze. Ich lehrte sie allerlei Tricks. Ich habe Katzen immer gern gehabt. Eine Katze ist eine entzückende Person, sie versteht alles, hat aber nicht gern viele Menschen um sich, mag es nicht, wenn sie gestört oder aufgeregt wird. Wenn man mit einer Katze allein ist, ist sie wunderbar! Ich halte Katzen für weniger servil und speichelleckerisch als Hunde. Sie sind unabhängig und stolz. Eine schöne Frau ist wie eine Katze oder wie ein Pferd. Wenn schöne Frauen rennen oder gehen, ähneln sie edlen Pferden. Und wenn sie schlafen, sehen sie wie Katzen aus.

Jetzt gehe ich gern zum Pferderennen. Früher allerdings, in meiner Jugend in Petersburg, ging ich nicht dorthin. Man mußte sich eine Kutsche mieten, um auf die Rennbahn zu kommen, und dafür hatte ich kein Geld, geschweige denn fürs Wetten. Tschaikowsky war ein Spieler: er liebte die Rennen, er spielte gern Karten – um Geld. In Petersburg blühte das Glücksspiel. Die Stadt ist kalt und windig, und das Glücksspiel wärmt das Blut. In seiner Oper *Pique Dame* schrieb Tschaikowsky eine unglaubliche Musik für die Kartenspiel-Szene. Strawinsky, ebenfalls ein Spieler, schrieb ein ganzes Ballett, betitelt *Jeu de cartes* (Kartenspiel), in welchem die Tänzer die Karten eines Pokerspiels darstellen. Ich brachte dieses Ballett auf die Bühne der Met.

Tschaikowsky schien über seinen jeweiligen Aufenthaltsort stets sehr unglücklich zu sein. Als er von einer anstrengenden Reise nach Hause zurückkehrt, notiert er voller Erstaunen: „Anstelle von Friede und Freude darüber, jetzt wieder von allem ungestört zu sein, habe ich ein vages Gefühl von

Unglücklichsein, Unzufriedenheit, ja Depression… Ich habe zu arbeiten, das Wetter ist ideal, ich habe die Einsamkeit immer geliebt und immer gesucht, und doch fühle ich mich jetzt nicht gerade miserabel, aber doch traurig und in irgendeiner Vorahnung.« In Augenblicken wie diesem, zu Hause in seinem geliebten Heimatland, läßt sich Tschaikowsky schon durch triviale Kleinigkeiten irritieren: zum Beispiel, daß niemand da ist, mit dem er Karten spielen kann.

Oh, ich verstehe Tschaikowsky nur zu gut: Wenn man unter Menschen ist, möchte man allein sein, man denkt dann, das wäre viel besser; und wenn man allein ist, ist man von Traurigkeit befallen. Fürchterlicher Traurigkeit! Ich weiß auch nicht, woher das kommt. Man denkt, man befindet sich im Schoße der Familie, Menschen, die man schon so lange wiedersehen wollte. Und dann entdeckt man plötzlich, daß es die überhaupt nicht gibt. Manchmal beginnt man sogar imaginäre Unterhaltungen mit ihnen. Und man denkt, sie hören zu und antworten. Aber man kann anderen Leuten nicht davon erzählen.

Früher, als ich jung war, rief ich in Augenblicken der Verzweiflung meine Freunde herbei. Wir gingen nicht aus, in Restaurants, ich kochte selbst, nicht nach Rezept, sondern aus meiner Erinnerung – nach den Gerüchen und Geschmäckern meiner Kindheit. In Rußland hatten wir Bedienstete, die das Kochen erledigten, und meine Mutter war auch eine fabelhafte Köchin. Ich kann mich immer noch an den Geschmack dieser Gerichte erinnern! Und natürlich erinnerte ich mich – wo ich auch war – an das, was ich kostete, roch, aß. Auch wenn ich nicht nach Rezept koche, sind meine Gerichte doch sehr wohlschmeckend. Mein einziges Problem ist, daß ich nie genau weiß, wie heiß der Ofen sein muß und wie lange die Speisen darin bleiben

Ich muß alles mehrfach ausprobieren, herumexperimentieren und mich dann entscheiden. Es ist wie beim Ballett – da muß man auch viel ausprobieren. Ein wenig Hitze, ein wenig Kälte, ein wenig von diesem und jenem, Salz und Pfeffer. Beim Ballett hängt das Ergebnis – wie bei der kulinarischen Kunst – von Erfahrung ab, von Selbstbewußtsein und Intuition. Und auch vom Glück.

Tschaikowsky, der dazu neigte, in sich hineinzuhorchen, gab zu, daß er manchmal in seinen Handlungen selbst keine Logik erkennen konnte, und folgerte: „Ich glaube, ich bin zu einem Leben voller Zweifel verdammt, ewig auf der Suche nach Auswegen aus Widersprüchen.“ Wenn man seine Tagebücher oder Briefe liest, so kann es einem vorkommen, als spalte sich die Persönlichkeit des Komponisten unter dem Druck der äußeren Ereignisse und der inneren Anstöße. Doch jedes Mal findet Tschaikowsky wieder die Kraft, die Krise zu überwinden. Seine Hauptantriebskraft ist natürlich das Komponieren. Doch was bringt Tschaikowsky dazu, sich mit Menschen zu treffen, Kontakt mit Verlegern aufzunehmen, mit Interpreten, seine Musik selbst zu dirigieren – wie er es sagte, „das Joch auf mich zu nehmen“? „Die Antwort ist ganz einfach“, konstatiert er. „Ich tue all dies, weil ich es für meine Pflicht halte. Ich werde gebraucht, und solange ich lebe, muß ich dieses Bedürfnis befriedigen.“

Selbstverständlich! Solange ein Komponist die Kraft dazu hat, muß er all das tun! Strawinsky hat es auch getan! Und an unserem Theater ist es genau dasselbe: man muß überall teilnehmen, Interviews geben, Empfänge besuchen. Das ist ganz schrecklich und ermüdend. Und dann denkt man: schließlich ist es für das Theater, und das bedeutet, es ist wichtig, es ist gut. Und dann ist auch noch etwas sehr Russisches dabei: „Ich muß!“ Das Pflichtbewußtsein, das ist sehr russisch, wie bei Lew Tolstoi oder Dostojewski; der Russe fühlt ein Sendungsbewußtsein. Nun, Tschaikowsky war nie ein Gesellschaftsmensch; er war eine Figur des öffentlichen Interesses und ein Staatsbürger. Tschaikowsky spürte, daß seine Musik vom Volk gebraucht wurde. Solange er also unter den Lebenden weilte, versuchte er, diese Musik dem Volk nahezubringen, verständlicher zu machen. Das ist es, was ich mit Verpflichtung gegenüber der Musik meine. Es entspringt einem starken religiösen Gefühl. Man weiß, etwas muß getan werden, und man tut es, weil man daran glaubt.

Ich weiß, wie der Glaube Strawinsky geholfen hat, sich mit dem Leben zu versöhnen. Offenbar machte Tschaikowsky dieselbe Erfahrung. Er beschrieb eine ähnliche Situation. Ziemlich erregt wanderte er in Petersburg umher und betrat die Erlöserkiche, um zu beten. Die Gebete, der Weihrauch, der Priester, der das Evangelium las, all das beruhigte ihn. So etwas erlebte Tschaikowsky oft.

Und selbstverständlich war Tschaikowsky ein Monarchist und Patriot. Er liebte den Zaren und weigerte sich, etwas anderes zur Kenntnis zu nehmen. Tschaikowsky war kein Chauvinist, aber als die Russen gegen die Türken kämpften, war er so besorgt um Rußland, daß er nicht einmal komponieren konnte. Er las die Zeitungen, verfolgte die neuesten politischen Nachrichten. Er diskutierte mit seinen Freunden über Politik. Die Leute denken immer, daß Komponisten immerfort nur über Musik und schöne Dinge nachdenken. Das ist natürlich dummes Zeug. Strawinsky und ich haben oft über Politik gesprochen, besonders nach ein paar Wodkas.

V

Lesen und Reisen

„Lesen ist eine der glückseligsten Freuden", schrieb Tschaikowsky. Nach eigener Aussage „verschlang" er zahllose Bücher und Zeitschriften: „Ich lese ausschließlich abends und manchmal bis spät in die Nacht. Das ist zwar schlecht für die Augen, aber was soll ich machen? Während des Tages lese ich nur beim Essen. Das tue ich zu gern, auch wenn ich irgendwo gelesen habe, daß es ungesund ist."

Er liebte Puschkin und Lermontow, zwei geniale Dichter. Für mich ist Tschaikowsky ein „Puschkin der Musik": allerhöchste Kunstfertigkeit, exakte Proportionen, Erhabenheit. Und dennoch ist seine Musik elegant und *dansable*. Puschkin hat am besten von allen über das Ballett geschrieben. Aber Lermontow, das ist etwas völlig anderes: stürmische Verse, alles lebendig und emotional. Lermontow ist ein russischer Romantiker. Er lebte ein kurzes, sehr romantisches Leben. Er war erst sechsundzwanzig, als er im Duell starb.

Tschaikowskys Idol war Lew Tolstoi: „Ich las Tolstoi immer wieder, ohne Ende, und ich halte ihn für den größten Schriftsteller der ganzen Welt, in der Vergangenheit und in der Gegenwart... Hat man ihn, genügt das schon, damit sich die Russen nicht zu schämen brauchen, wenn alle großen Errungenschaften aufgezählt werden, die Westeuropa der Menschheit vermacht hat." Tschaikowsky konnte über Tolstois Werken weinen: „„Der Tod des Iwan Iljitsch' ist das

Werk eines peinigenden Genius... bei Tolstoi gibt es keine Bösewichte; alle seine Helden sind ihm gleichermaßen lieb und bemitleidenswert... Seine Menschlichkeit ist unendlich tiefer und umfassender als die sentimentale Menschlichkeit von Dickens und reicht in etwa an die Einstellung zum menschlichen Bösen heran, die sich in den Worten Jesu Christi ausdrückt: ‚Denn sie wissen nicht, was sie tun.'"

Wie Tschaikowsky habe auch ich immer Tolstoi Dostojewski vorgezogen. Wenn Russen zusammensitzen, diskutieren sie mit großer Freude darüber, wer das größere Genie ist – Puschkin oder Lermontow, Tolstoi oder Dostojewski. Tschaikowsky hielt Dostojewski zwar für einen genialen Schriftsteller, er war ihm aber zuwider. Tolstoi verehrte er beinahe wie einen Gott, fand ihn aber als Mann nicht besonders *simpàtico:* als sie sich kennenlernten, sagte Tolstoi ihm ins Gesicht, daß er Beethoven nur für mittelmäßig halte. Tschaikowsky war erstaunt, sagte aber nichts. Tschaikowsky und Tschechow wiederum wurden gute Freunde. Sie wollten zusammen eine Oper nach einem Stoff von Lermontow schreiben, aber daraus ist nichts geworden. Ich mag Tschechow auch sehr; er ist traurig, aber nicht sentimental. Andere Schriftsteller bringen das nicht zuwege.

Außerdem las Tschaikowsky ausgiebig auf deutsch und französisch, denn diese Sprachen beherrschte er fließend. In Rußland konnten alle gut erzogenen, gebildeten Menschen deutsch und französisch. Puschkin konnte französisch und ebenso Tolstoi. Turgenjew schrieb sogar in französischer Sprache. Tschaikowsky las Schopenhauer und Spinoza auf französisch und Goethes Dichtungen auf deutsch.

Tschaikowsky liebte E. T. A. Hoffmann. In Rußland wurde Hoffmann immer geschätzt, ebenso andere deutsche Dichter wie Goethe und Schiller. In der Schule nahmen wir

Texte von Goethe und Schiller durch – in Lermontows exzellenter Übersetzung. Puschkin übersetzte meist französische Werke; er fühlte eine Affinität zu ihnen. Im allgemeinen folgte Rußland immer dem neuesten Schrei im Westen: in der Literatur, der Kunst, der Musik. Das Interesse am Neuen war in St. Petersburg am größten, nicht ohne Grund nannte man die Stadt „das Fenster zum Westen". In Moskau schätzte man eine gute Mahlzeit und guten Schlaf, man liebte fettes Essen und weiche Daunen. In Petersburg waren die Menschen beweglich, unstet, eher geneigt zu reisen.

Tschaikowsky liebte es, auf seinen Reisen zu lesen. Aber das konnte er nur, wenn er innerlich ruhig war; in Augenblicken der Verzweiflung warf er sein Buch in die Ecke. Hier liest er gerade im Zug nach Berlin, erinnert sich aber plötzlich an seinen Neffen Bob Dawidow: „Ich wollte Dich so gern wiedersehen, Deine Stimme hören, und es scheint mir so ein unglaubliches Glück, daß ich zehn Jahre meines Lebens gegeben hätte (und wie Du weißt, ist mir das Leben lieb und wert), um Dich auch nur für eine Sekunde zu sehen. Das einzige Mittel, das ich dieser Art von Depression, die Du wahrscheinlich noch nicht durchgemacht hast und die schrecklicher ist als alles andere auf der Welt, entgegensetzen kann, ist das Trinken. Und ich habe eine unglaubliche Menge Wein und Cognac zwischen der Grenze und Berlin getrunken."

Aber sicher, genau wie ich gesagt habe! Tschaikowsky hat sehr gern getrunken; ich glaube kaum, daß er Berlin sehr mochte...

Tschaikowsky schrieb an seinen Verleger: „Im Grunde meines Herzens bin ich ein echter Russe, und darum finde ich wahrscheinlich die Deutschen abstoßend, fremdartig, widerlich und gemein. Dennoch muß ich zugeben: Ich bin beeindruckt von der Ordnung und Reinlichkeit Berlins, ich schätze es, daß man sich dort leicht und billig amüsieren kann, ich finde den Berliner Zoo ausgezeichnet – und dennoch kann ich die deutsche Luft nicht länger als zwei Tage ertragen."

Als wir zum ersten Mal nach Berlin kamen, es war 1924, und wir waren gerade aus Rußland weggegangen, da gefiel es mir sehr gut. Es war unmöglich, in Rußland zu leben, es war ganz fürchterlich – nichts zu essen, die Leute im Westen können gar nicht verstehen, was das bedeutet. Wir waren immer hungrig. Wir träumten davon, wegzugehen, gleichgültig wohin, nur weg.

Gehen oder nicht gehen – ich hatte nie irgendwelche Zweifel. Überhaupt nicht! Ich hatte keinerlei Bedenken, ich wußte immer: wenn ich je die Chance haben sollte, dann würde ich gehen! Wir bildeten eine kleine Ballett-Truppe – Lida Iwanowa, Danilowa, Efimow, Tamara Schewerschejewa und ich – und wir bemühten uns ziemlich lange, eine Genehmigung von der Regierung zu bekommen, um nach Europa zu gehen und dort das neue russische Ballett vorzustellen. Das war schwierig, aber irgendwie brachten wir es fertig, die Kommissare zu überzeugen, daß es eine sehr gute Propaganda sein würde. Als wir Berlin erreichten, bekamen wir ein Telegramm aus Moskau. Darin hieß es, wir sollten sofort zurückkommen. Wir haben das Telegramm ignoriert, so einfach war das.

Seine allererste Auslandsreise sollte den jungen Tschaikowsky nach Paris führen; er liebte die Stadt auf dieser Reise und den nachfolgenden: „Hier ist es zu jeder Jahreszeit gut. Ich kann überhaupt nicht beschreiben, wie komfortabel und angenehm dieses Paris ist und wie angenehm ein Mensch, der sich amüsieren möchte, hier seine Zeit verbringen kann. Durch die Straßen zu schlendern und einen Schaufensterbummel zu machen, ist höchst unterhaltsam. Und dann die Theater, die Ausflüge aufs Land, die Museen – alles füllt meine Zeit, so daß ich kaum bemerke, wie schnell sie vorüberfliegt."

Tschaikowsky hatte eine schöne Zeit in Paris, weil er Geld hatte. Es ist schön, in Paris zu leben, wenn man Geld hat. Die Geschichte hört sich ganz anders an, wenn man arm ist.

Schließlich ist Paris als Stadt nicht sehr anheimelnd, es ist auch nicht zu jeder Jahreszeit angenehm. Wenn das Wetter schlecht ist, wenn es zu heiß oder zu kalt ist, dann ist es in der Stadt recht unangenehm. Die obdachlosen Franzosen, die *clochards*, klagen über die Kälte. Wenn man natürlich direkt aus Rußland nach Paris kommt, dann findet man es nicht so kalt, hat dort weniger Angst. Wir Russen wissen mit der Kälte umzugehen. Der Franzose empfindet sie stärker.

Um die Wahrheit zu sagen, ich habe Paris nicht allzu gut kennengelernt, weil ich dort arm war. Ich verdiente bei Diaghilew sehr wenig und gab dieses bitterwenig für Essen aus. Wir fristeten ein armseliges Dasein, genau so wie in *La Bohème* dargestellt. Wir hatten einfach nicht das Geld für ein schönes Leben! Das hat uns aber nichts ausgemacht. Zuerst hatten wir immer Appetit auf etwas Starkes, auf Schnaps oder etwas in dieser Richtung; dann dachten wir, ach, das ist ja dummes Zeug! Warum können wir denn nicht einfach Tee trinken? Und wir dachten: nein, Schnaps ist sowieso viel zu stark und schmeckt nach nichts. Wohingegen ein Tee ausgezeichnet wäre! Das las ich auch über Tchaikowskys Jugend, daß er – wenn sein Geld alle war – in eine Kneipe am Newski-Prospekt in St. Petersburg ging und sich heftig über den Tee hermachte. Damals war Tee ein billiges Vergnügen, nur fünf Kopeken das Glas. Und Strawinsky liebte Tee, auch wenn er und ich mehr Wodka tranken, als wir vertragen konnten. Tee ist eine großartige Sache; Tee half uns, in Paris zu überleben. Tee war schön: Wir tranken ihn und hatten unseren Spaß. Wenn man in Paris kein Geld hat, sind die Versuchungen kleiner. Monte Carlo war da schon anders – wir hatten dort beides: Versuchungen und Geld, und also lebten wir dort ziemlich gut.

In Nizza war Tschaikowsky deprimiert: „Natürlich gibt es angenehme Augenblicke, besonders morgens unter den Strahlen der gleißenden, aber nicht unerträglichen Sonne, wenn man ganz allein am Meer sitzt. Doch selbst diese angenehmen Momente entbehren nicht einer gewissen Melancholie. Und was folgt daraus? Daß das Alter gekommen ist, wo nichts mehr Freude macht. Man lebt von der Erinnerung und der Hoffnung." Diese Zeilen stammen von einem Mann, der gerade einunddreißig Jahre alt geworden war.

Aber in Nizza ist nichts! Sogar der Strand ist langweilig. Man kann nur langsam am Strand spazierengehen, und das kann ganz schön sein. Aber nicht lange, nicht lange. Ich kenne es – eine lange Küste, und die Einheimischen leben von den Touristen. Und wenn weniger Touristen da sind, dann sind all die kleinen Cafés halb leer, und es ist nicht mehr dasselbe.

Nizza ist sehr überlaufen. Man kann dort unmöglich längere Zeit leben, selbst ein junger Mann würde sich dort alt fühlen. Ich fuhr nach Nizza, um Strawinsky zu besuchen; er hatte dort eine Villa. Ein herrlicher Garten, Ruhe, viele Blumen. Die hatten einen ziemlich starken Duft, beinahe berauschend. Stiefmütterchen, Anemonen, Nelken. Und kein Mensch, mit dem man sich unterhalten konnte. Strawinsky war damals mit einer alten Frau verheiratet, sie war sogar noch älter als er. Und die Sitzordnung bei Tisch war so: Am Kopf der Tafel ein Priester, Vater Nikolai, denn Strawinsky war sehr gläubig und hielt daran fest. Seine Frau war ebenfalls sehr gläubig. Diese kleine alte Dame sitzt also neben ihm. Die Kinder sitzen auch am Tisch und sehen einander wahnsinnig ähnlich. Swetik sieht aus wie Fedja, und Fedja sieht aus wie sein Vater. Sie alle sitzen gemeinsam bei Tisch und kauen geräuschvoll den Salat, dann die Spaghetti und so weiter. Alle haben dasselbe Gesicht, und Strawinsky erkennt sich selbst in ihnen wieder. Glauben Sie, es ist interessant – immerzu ins eigene Gesicht zu schauen? Ich nicht.

Und dann hatte ich auch immer dieses Gefühl, seine Frau sei ihm im Wege. Und das, obgleich Strawinsky mir oft gesagt hat, daß er die Ehe für heilig halte. Er ließ sich nicht von seiner Frau scheiden. Als sie starb, heiratete er ein zweites Mal. Also war – wie ich es in Erinnerung habe – das Leben in Nizza für Strawinsky fremd, er gehörte nicht dazu. Er hatte nichts zum Anschauen.

In Rom hörte Tschaikowsky den Gesang „eines jungen Kastraten mit einer wunderbaren Stimme". Dieses Erlebnis hinterließ bei ihm „einen ambivalenten Eindruck: einerseits konnte ich mich der Begeisterung über das erstaunliche Timbre dieser Stimme nicht erwehren, andererseits rief der Anblick eines Kastraten sowohl Mitleid wie eine gewisse Abscheu in mir hervor". Tschaikowsky mochte Rom nicht besonders, wenigstens nicht auf seinen frühen Reisen: „Alle Monumente des Altertums und der Kunst sind natürlich erstaunlich, aber als Stadt erscheint Rom düster, ziemlich leblos und langweilig. Man kann in den Straßen von Neapel mit großem Interesse herumspazieren, Menschen und Gebräuche beobachten. Ich wollte auch in Rom herumspazieren, aber ich entdeckte nichts als Langeweile."

Seltsamerweise ist Rom keine lebendige Stadt. Vielleicht war es einmal nett, dort zu leben – das ist schon lange her, Jahrhunderte. Und heute ist nur die Architektur übriggeblieben. Also geht man durch eine Geisterstadt, die vor fünfhundert oder tausend Jahren einmal lebendig war.

Gewöhnlich waren Russen von Venedig begeistert, nicht aber Tschaikowsky: „Venedig gehört zu den Städten, in denen ich vor Verzweiflung am fünften Tag ersticken würde, müßte ich eine Woche dort verbringen. Alles konzentriert sich auf dem Markusplatz. Dahinter verläuft man sich – ganz gleich, wohin man geht – in dem Labyrinth stinkender Gassen, die nirgendwohin führen, und wenn man nicht eine Gondel mietet und sich irgendwohin bringen läßt, weiß man nicht, wo man ist. Es ist nicht schlimm, entlang dem Canale Grande zu fahren, denn er ist voller Palazzi, Palazzi und nochmals Palazzi – alle aus Marmor, einer schöner als der andere, aber auch einer schmutziger und verfallener als der andere. Das ist wie in einem abgenutzten Bühnenbild zum ersten Akt von Donizettis Lucrezia."

Ja, da hat er recht! Die Venedig-Legende ist von Touristen geschaffen worden. Wenn Menschen an einem häßlichen Ort leben und plötzlich feststellen, daß es Venedig, Italien, ist, dann halten sie so etwas für interessant: Sie gehen in Kathedralen, unter gewölbten Decken, es ist dunkel, überall stehen Statuen. Ungewöhnlich! Oder die Kanäle: Man fährt in einer Gondel und kommt an eine Kreuzung. Das ist auch interessant. Aber wenn man die ganze Zeit in Venedig lebt, dann gewöhnt man sich daran – also was soll's, Kanäle hier, Kanäle dort. Das Wasser ist dreckig, manchmal stinkt es. Für einige ist dieser Geruch allerdings Venedigs größter Charme. Diaghilew zum Beispiel liebte den Gestank, wie er mir sagte.

Diaghilew und Strawinsky sind in Venedig begraben, nebeneinander. Man sagt, Diaghilew habe immer das Wasser gefürchtet, weil eine Zigeunerin ihm geweissagt hatte, er werde auf dem Wasser sterben. Er starb in Venedig, und das ist natürlich auf dem Wasser. Aber ich glaube all diese Geschichten nicht. Diaghilew konnte ebenso in Paris gestorben sein, und was wäre dann aus dieser Legende geworden? Nein, das ist alles dummes Zeug!

Ich weiß, daß Strawinsky Venedig liebte, er lebte immer dort. Ich kann mir keinen besseren Ort für sein Grab vorstellen als Venedig. Und wo anders könnte er begraben sein – doch nicht auf dem russischen Friedhof in Paris? Wer würde schon dorthin gehen? Aber der Friedhof auf San Michele in Venedig ist so ein hübscher kleiner Fleck, und alle gehen dorthin.

Tschaikowsky betete Wien an. Und er liebte die Schweiz.

Wien ist voller Leben, es ist eine aufregende Stadt! Nachdenkliche Studenten gehen umher, man kann sehen, daß die Menschen dort beschäftigt sind. Es ist nicht wie Paris, wo man den Eindruck hat, daß alle Menschen Ferien haben. Darum mag ich Paris nicht, obwohl es eine schöne Stadt ist. In Wien gibt es ein seriöses Musikleben, und das richtige Leben pulsiert. Dasselbe gilt für die Schweiz: ein stilles, sehr süßes Land, aber die Menschen dort sind nicht allzu entspannt, nicht im Dauerurlaub. Es ist natürlich schön, in der Schweiz Urlaub zu machen, und die Berge geben uns Energie. Man geht hinaus auf die Straße, man möchte einen

Spaziergang machen, und schon nimmt man Kurs auf die Berge. Und man fühlt sich gut dabei! Natürlich macht das allein keinen Spaß. Doch wenn man nicht arbeitet, langweilt man sich immer allein.

Wohin Tschaikowsky auch reiste, immer fühlte er sich wieder nach Rußland hingezogen: „Die russischen Landschaften sind viel mehr nach meinem Geschmack als all die sagenhaften Schönheiten Europas." Dies schrieb Tschaikowsky in seinem letzten Lebensjahr, doch schon zwanzig Jahre früher finden wir folgendes in seinem Tagebuch, geschrieben in den Alpen: „Oh, liebes Heimatland, Du bist mir hundertmal schöner und lieber als diese pittoresken Ungeheuer von Bergen, die im Grunde genommen nichts anderes sind als zu Stein gewordene Zuckungen der Natur." Es scheint, Tschaikowsky liebt seine russischen Berge mehr; wie in einem Begeisterungstaumel beschreibt er seine Reisen in den Kaukasus, nach Tiflis, wo sein anderer Bruder ein hochrangiger Beamter war. Tschaikowsky liebte Tiflis sehr, er verglich es mit Florenz: südliches Klima, originelle Architektur. Tschaikowsky vermerkt ausdrücklich, daß er am Ort ein türkisches Bad besucht habe.

Wenn ich auch Georgier bin, so bin ich doch in Petersburg geboren; ich bin erst 1962 nach Tiflis gekommen, am Ende unserer Tournee durch die Sowjetunion. Der Kaukasus ist majestätisch, ich erkenne das an. Er ist nicht wie die Schweizer Alpen, ein hübsches Gebirge mit niedlichen kleinen Restaurants, ohne wahre Größe und ohne tödliches Entsetzen. Kein Vergleich. Über türkische Bäder kann ich nichts sagen, ich habe nie eines besucht. Als ich klein war, hatten wir in Finnland unser eigenes Badehaus; wir bauten eine russische *banja* aus Holz, die Art, wie man sie in den Dörfern hat. Es war fürchterlich heiß darin. Mir hat das nicht gefallen. Kleine Kinder mögen es nicht so heiß. Es war ein Dampfbad mit zwei Türen. Ein Vorzimmer zum Entkleiden, dann ein kleiner Raum, der nicht zu heiß war, dann der Dampfraum, wo man mit Eimern Wasser auf die heißen Steine gießt. Immer wenn einer rief: „Komm schon, mach noch mehr Dampf!", habe ich die Flucht ergriffen.

Ich habe Tiflis nicht sehr gründlich kennengelernt. Es war dort langweilig und muffig. Die Architektur einer Stadt ist nicht alles – auch die Menschen müssen lebendig sein. Eine Stadt schmückt sich in ihren Menschen! Dann leuchtet sie von innen heraus. Damals hatten die Menschen Angst, sich mit uns zu treffen, weil wir ununterbrochen von offizieller Seite begleitet wurden. Man führte uns herum, zeigte uns alles, aber die Menschen durften uns nicht zu nahe kommen.

Tschaikowsky war begeistert von Amerika, das er im Jahre 1891 besuchte, als er bei der Eröffnung der Carnegie Hall dirigieren sollte. Er machte die Überfahrt auf einem „kolossalen Luxusdampfer". Und die Abenteuer ließen nicht auf sich warten: einer der Passagiere beschloß, sich umzubringen, sprang über Bord und ertrank. Tschaikowsky beobachtete seine Mitreisenden, Einwanderer aus dem Elsaß. „Die Einwanderer scheinen überhaupt nicht niedergeschlagen. Sechs Huren der übelsten Sorte reisen mit uns; sie gehören zu einem Gentleman, der für sie verantwortlich ist und sie begleitet. Eine von ihnen ist recht hübsch, und meine Bekannten aus der zweiten Klasse machen abwechselnd Gebrauch von ihren körperlichen Reizen." Dann wurde Tschaikowsky seekrank, und als sie in New York festmachten, wurde er vom Zoll und den Paßformalitäten malträtiert.

Tschaikowsky liebte New York: „Eine sehr hübsche und sehr originelle Stadt; an der Hauptstraße stehen abwechselnd einstöckige Häuser neben Häusern mit neun Stock-

werken. ... Der Central Park ist märchenhaft. Und es ist erstaunlich, daß sich die Leute noch sehr gut an eine Zeit erinnern können, als hier noch Kühe weideten." Musiker und Zuhörer feierten Tschaikowsky enthusiastisch, und er war glücklich: *„Hier bin ich eine viel größere Nummer als in Europa. Amerikanischer Lebensstil, Sitten und Gebräuche – alles ist wahnsinnig interessant, originell, und auf Schritt und Tritt stoße ich auf Dinge, die mich durch ihre enorme Größenordnung fesseln, durch ihre kolossalen Ausmaße – verglichen mit Europa. Das Leben läuft hier mit Volldampf, und obgleich das Hauptinteresse hier der Profit ist, vernachlässigen die Amerikaner die Künste nicht. ...Ich schätze auch sehr den Komfort, um den man sich hier beträchtlich bemüht. Mein Hotelzimmer hat, wie alle Zimmer in allen Hotels, sowohl elektrisches wie auch Gaslicht, ein Badezimmer mit einer Wanne und einem Wasserklosett, viele praktische Möbelstücke und Apparate, um im Notfall mit den Hotelangestellten sprechen zu können, sowie andere Bequemlichkeiten und Errungenschaften, die es in Europa noch nicht gibt."*

Genau! Zunächst einmal hat Tschaikowsky damit recht, daß die Amerikaner beides im Blick haben: Geschäft und Kunst. Und was den Komfort anlangt, auch zu meiner Zeit war Amerika in dieser Hinsicht Europa weit voraus. In Amerika lernte Tschaikowsky, was es heißt, eine Sensation zu sein. Briefe mit Autogrammbitten erreichten ihn aus allen Teilen der Vereinigten Staaten, und Tschaikowsky antwortete geduldig. Und recht hatte er damit. Man muß erst warm werden mit diesem Land, es lohnt sich.

Ich bin natürlich auch mit dem Schiff nach Amerika gekommen, aber ich war nicht seekrank – damals nicht und zu keiner anderen Zeit. Tänzer sollten eigentlich nicht seekrank werden. Wenn ich heute wählen kann zwischen

Schiff, Bahn oder Flugzeug, dann wähle ich das Flugzeug, es geht schneller. Ich erinnere mich, daß wir auch Probleme mit der Einwanderungsbehörde hatten, etwas stimmte mit unseren Papieren nicht. Man wollte uns nicht nach Amerika hineinlassen. Und ich konnte kein Englisch. (Tschaikowsky konnte übrigens auch nicht sehr gut Englisch.) Wir dachten schon, daß wir nun zurück müßten nach Europa. Aber Lincoln Kirstein hat dann glücklicherweise alles geregelt.

Ich erinnere mich an die Gerüche des Hafens, das Leben und Treiben dort. Ich liebte New York auf Anhieb: die Menschen sind fröhlich, die Häuser hoch. Ich kann Tschaikowskys Schock verstehen. In St. Petersburg hatte das höchste Gebäude damals nur sieben Stockwerke. Mir lag Amerika mehr als Europa. Erstens ist Europa – verglichen mit Amerika – klein. Zweitens war in Paris alles für mich zu Ende, es gab keine Arbeit mehr. Und ich mochte die Menschen dort nicht; es war überall dasselbe, immer wieder. Und in England war es auch unmöglich zu arbeiten. Ich wollte nach Amerika gehen, ich dachte, dort würde es interessanter sein, es würde endlich etwas Neues anfangen, etwas ganz anderes. Ich würde neue Freunde finden, wie ich sie mir noch gar nicht vorstellen konnte. Russen wollen immer Amerika sehen. Wir lesen in unserer Kindheit von Cowboys und Indianern. Ich habe Mayne Reids *Headless Horseman* und Coopers *Der Letzte der Mohikaner* gelesen. Als Jungens spielten wir gerne Indianer. Bei Tschechow gibt es eine Geschichte, wie zwei Schulbuben planen, nach Amerika abzuhauen und was dann passiert. Und natürlich gab es amerikanische Filme: William Hart, Douglas Fairbanks, der wie ein Blitz von einer Brücke auf einen fahrenden Zug aufsprang oder sich furchtlos an einem Seil über eine Schlucht hangelte.

Das Leben in Amerika, so dachte ich, würde lustig sein. Und ich hatte recht.

VI

Vorläufer und Zeitgenossen

Tschaikowsky verehrte Mozart. Die Leute sagen, wie kann das möglich sein? Die beiden sind doch so verschieden, Tschaikowsky und Mozart. Muß man denn dem Komponisten oder Dichter, den man verehrt, unbedingt ähnlich sein? Man kann auch das genaue Gegenteil sein – wie es bei Glinka und Strawinsky zum Beispiel war. Es heißt, Glinkas Musik sei schlicht, und Strawinskys sei kompliziert. Und gerade Glinkas klassische Schlichtheit war es, die Strawinsky liebte. Strawinsky versuchte, seine Oper *Mawra* so einfach zu schreiben, wie Glinka *Das Leben für den Zaren* geschrieben hatte.

Tschaikowsky sinnierte einmal: „Vielleicht gerade, weil ich als ein Mann meiner Zeit gebrochen bin, moralisch krank, suche ich Erleichterung und Tröstung in Mozarts Musik, die zum überwiegenden Teil ein Ausdruck der Freuden des Lebens ist, erlebt von einem gesunden, intakten Naturell, ungetrübt durch Reflexion."

Nun ja, heutzutage sagen die Musikwissenschaftler natürlich, Mozart war nicht so simpel und fröhlich, er habe im Gegenteil ein total konfuses Leben geführt. Doch ich glaube, Mozart wußte auch glücklich zu sein. Er saß gern mit Freunden zusammen und spielte ihnen seine Werke vor: „Hier, hört mal, was ich gerade geschrieben habe!" Und nach dem Vorspielen konnte er auch sehr leicht einmal weinen; er wußte, daß er nicht lange zu leben hatte.

Vielleicht versuchte er deshalb, jeden Augenblick auszukosten.

Wenn ein Komponist ein eigenes Werk aufführt, erlebt er ein ganz besonderes Gefühl: „Das habe ich geschrieben, ich habe das gemacht!" Mozart konnte in seiner geistigen Vorstellung sofort eine ganze Sinfonie erklingen lassen. Alle Melodien, all die Akkorde, er mußte sie nur noch aufschreiben! Tschaikowsky beneidete ihn um diese Gottesgabe, und ich tue es auch. Ich kann ein Ballett vom Anfang bis zum Schluß nicht nur im Kopf ausarbeiten, ich muß es ausprobieren. Manches Mal, wenn ich Musik höre, fange ich an zu denken. Ich denke dann, wenn die Musik hier in diese oder jene Tonart wechselt, dann bedeutet das, dies oder jenes kann an dieser Stelle auf der Bühne geschehen und etwas anderes an jener Stelle... Und dann denke ich, nein, so kann ich das nicht machen. Ich denke, vielleicht habe ich das überhaupt ganz falsch verstanden. Aber dennoch muß ich irgendetwas machen, weil das Publikum auf etwas Neues wartet, eine Premiere in diesem Monat. Und dann macht man eben etwas.

Tschaikowsky kommentiert Glinkas Memoiren: „Der Autor dieser Memoiren erscheint als freundlicher und reizender Mann, aber auch als Hohlkopf, als Unperson, als absoluter Durchschnittsmensch. Die Frage quält mich manchmal, wie eine derart kolossale kreative Kraft sich mit einer derartigen Mittelmäßigkeit als Mensch vertrug und wie Glinka nach einer langen Zeit als farbloser Dilettant mit einem Mal Mozart, Beethoven oder wem auch immer ebenbürtig (ja, ebenbürtig) werden konnte."

Tschaikowsky meinte, Glinka sei fürchterlich faul gewesen, daß er weitaus mehr hätte schreiben können, wenn er nur diszipliniert gewesen wäre. Ich bin da anderer Meinung.

Glinka schrieb sehr viele Stücke. Er schrieb ohne Hast, mühelos. Er galt als faul, weil Rimski-Korsakow damals jedes Jahr eine Oper schrieb. Glinka schrieb überhaupt nur zwei Opern – *Das Leben für den Zaren* und *Ruslan und Ludmilla*. Ich kenne *Ruslan* auswendig. Ich tanzte in der Inszenierung dieser Oper am Mariinski Theater. Die Sowjets änderten den Titel der Oper *Das Leben für den Zaren* in *Iwan Susanin*. Erst jetzt habe ich erkannt, was für ein göttliches Werk das ist; als ich jünger war, habe ich *Ruslan* favorisiert. Bei Glinka gibt es eine Menge ausgezeichneter Musik, die heute nicht sehr viel gespielt wird. Wir [das New York City Ballet] tanzten Glinkas *Valse Fantasie* und Tänze aus *Ruslan*. *Ruslan* ist echter kaiserlicher Stil. Man kann die Einflüsse von italienischer Musik und Beethoven erkennen. Ich habe diese Oper in Hamburg inszeniert. Diaghilew kannte *Ruslan* ebenfalls auswendig und beklagte, daß man Glinka im Westen nicht verstehe. Er berichtete mir, er habe folgendes in einer französischen Zeitung gelesen: „Glinka wäre gar nicht so schlecht, wenn er seine Melodien nicht von Tschaikowsky abgeguckt hätte." Glinka war aber schon gestorben, ehe Tschaikowsky noch ernsthaft angefangen hatte zu komponieren! Kritiker sind oft so dumm!

Mein Vater, der georgische Komponist Meliton Antonowitsch Balantschiwadse, liebte Glinka und finanzierte die erste Gesamtausgabe von Glinkas Briefen. Das war in St. Petersburg. Ich war damals noch sehr jung. Man nannte Vater auch „den georgischen Glinka". Er war reich geworden, als er hunderttausend Rubel in der Staatslotterie gewann. Als er das Los gekauft hatte, ist es ihm überhaupt nicht in den Sinn gekommen, den Schein zu kontrollieren, aber Mutter schaute nach und sagte: „Ich glaube, wir haben die richtige Nummer!" Und sie lag meinem Vater in den Ohren, er solle doch zur Staatsbank gehen: „Geh und sag ihnen, es gehört dir." Vater wollte nicht hingehen, es war ihm zu peinlich. Schließlich ging er doch und sagte zu den Leuten in der Bank: „Würden Sie bitte einmal nachsehen, hier, man sagt mir, ich hätte die richtige Nummer." Und sie sagten: „Natürlich, das ist die richtige Nummer! Warum sind Sie nicht früher gekommen? Sie haben hunderttausend gewonnen!" Und auf der Stelle haben sie ihm einen Scheck über hunderttausend Rubel überreicht.

Mama sagte zu meinem Vater: „Jetzt werden wir Geld für die Zukunft der Kinder haben." Aber Vater gab alles auf der Stelle aus, verschenkte alles an Freunde. Er half ihnen, all die georgischen Restaurants in Petersburg zu eröffnen. Als nächstes wollte er in ein großes Projekt investieren, in eine Fabrik. Und da war es dann um ihn geschehen: die Kosten waren enorm, man importierte Spezialmaschinen aus dem Westen, die es in Rußland nicht gab. Natürlich war er von Betrügern umgeben.

Tschaikowskys Vater ging auch pleite: er gab sein Geld einer Hochstaplerin, die ihm Berge von Gold versprach. Für meinen Vater stand alles aber noch viel schlimmer; wegen seiner Schulden verbrachte er zwei Jahre im Kresty, dem berühmten Petersburger Gefängnis. All diese Georgier haben ihm immer wieder versichert: „Die können dich nicht ins Gefängnis stecken!" Und als die Untersuchungen dann begannen, haben sie alle gegen ihn ausgesagt: das ist er, das ist der Mann. Und so kam mein Vater ins Gefängnis. Doch jetzt wird er in Georgien geachtet, seine Musik wird dort gespielt. Mein jüngerer Bruder, Andrej Balantschiwadse, der in Georgien lebt, ist ebenfalls Komponist.

So sehr Tschaikowsky Glinka liebte, so kritisch stand er Mussorgski gegenüber (diese Gefühle beruhten auf Gegenseitigkeit): „Ich habe Boris Godunow gründlich studiert... und habe Mussorgskis Musik vom Grunde meines Herzens

verdammt; hier handelt es sich um die vulgärste und ge-
meinste Parodie von Musik."

Mussorgski hat schon auch attraktive Musik geschrieben, aber vieles ist uninteressant. Man denkt manchmal, warum soll ich nicht einmal etwas von Mussorgski hören? Und dann spielt man es, und es ist nicht faszinierend. Aber ich respektiere Mussorgski. Wie Tschaikowsky auch – er respektierte Wagner, fand aber dessen Opern langweilig. Er sagte, man könne schließlich nicht vier Stunden lang einer endlosen Sinfonie anstelle einer Oper zuhören. Aber es ist immer interessant, der *Zauberflöte* zuzuhören. Ich liebe *Die Zauberflöte* am meisten von allen Mozart-Opern.

Tschaikowsky war einer der ersten, die Georges Bizets Carmen *würdigten: „Was für ein wunderbarer Stoff für eine Oper! Ich kann die letzte Szene nicht ohne Tränen spielen – auf der einen Seite das Frohlocken der Menschen und die rohe Lustigkeit der Menge, die dem Stierkampf zuschaut; auf der anderen Seite die schreckliche Tragödie und der Tod der beiden Hauptfiguren, die durch ein grausames Schicksal, das* fatum, *zusammenkommen, und durch viel Leid bis zum unausweichlichen Ende geführt werden. Ich bin überzeugt, daß* Carmen *in zehn Jahren die populärste Oper der Welt sein wird." Tschaikowsky schrieb das im Jahre 1880.*

Carmen ist nie langweilig! Ich liebe *Carmen* wirklich sehr, sehr! Man hat viele Male versucht, diese Musik zu einem Ballett zu verarbeiten, aber es hat nicht funktioniert. *Carmen,* die Geschichte muß erzählt werden, wenn die Leute sie verstehen sollen. In *Carmen* muß gesprochen werden: „Ich denke dies und das." Das ist in einer Oper in Ordnung, aber man kann nicht in einem Ballett sprechen!

Vor langer Zeit, es war noch in St. Petersburg, habe ich ein sehr interessantes Ballett nach Musik von Bizet gesehen, aber nicht *Carmen,* sondern seine *Arlésienne*-Suite. Der Choreograph war Boris Romanow, den alle Welt „Bobischa" nannte. Es tanzte Romanows Frau, Elena Smirnowa, eine hinreißende Frau. Damals war ich verknallt in sie. Sie war zwanzig Jahre älter als ich, ich war noch ein Kind. Ich hing im Mariinski hinter der Bühne herum und beobachtete sie, wie sie das Zigeunermädchen darstellte, für das zwei Spanier bis in den Tod kämpfen. Bobischa Romanow inszenierte das sehr erotisch – für die damalige Zeit. Aber er machte daraus keine *Carmen.* Es war einfach eine schmissige, sehr unterhaltsame Miniatur; wie diejenigen, die Kasjan Goleisowski später vorstellte.

Ich bin ganz und gar nicht gegen Handlung im Ballett, es kommt nur darauf an, wie es gemacht ist. Petipa wählte Stoffe, die leicht in Tanz umzusetzen waren. Aber was in *Carmen* gesungen wird, kann man nicht in Tanz übertragen. Kein Mensch würde irgend etwas verstehen.

Schumann kann man sehr gut vertanzen. Und wenn wir schon über Komponisten sprechen, die für Tschaikowsky von Bedeutung waren, dann sollten wir Schumann nicht vergessen. Er war in Rußland geachtet und geliebt. Hier kennt man Schumann kaum, er wird nicht viel aufgeführt. Man erwähnt Schumann, und alle verziehen das Gesicht. Nun, dafür wird Chopin hier viel gespielt. Aber Tschaikowsky lehnte Chopin ab. Irgend jemand wollte Tschaikowsky einmal weismachen, seine Musik sei der von Chopin ähnlich. Er verzog das Gesicht und sagte: „Vielleicht." Die Leute lassen einen Komponisten nicht für sich gelten, sie suchen immer wieder einen, dem seine Musik gleicht, und das ist ganz verkehrt. Chopin – das sind Diamanten, Ornamente, *parure.* Tschaikowsky und Schumann sind Substanz.

VII

„Aber die Musik ist doch so edel!"

Tschaikowsky hat nur sechs Sinfonien geschrieben. Haydn schrieb einhundert. Ja klar, Haydn war ein meisterhafter Könner. Aber in den alten Zeiten waren Sinfonien auch nicht so schwer zu schreiben. Diese Sinfonien klingen eine wie die andere. Eine Million Sinfonien – und alle sind gut, alles an ihnen ist richtig! Manchmal hört man sie im Radio; das ist ein Genuß, aber man kann jede Wendung vorhersagen. Das kann man bei Tschaikowsky mit Sicherheit nicht!

Nun sagen manche, Tschaikowsky sei zwar ein großer Meister, aber nur was seine Melodien anlangt. Das ist nicht wahr! Er webt seine Melodien vielschichtig ineinander, er bildet sozusagen gothische Kathedralen daraus, harmonisiert einfallsreich und führt sie meisterhaft durch verschiedene Tonalitäten.

Tschaikowsky schrieb, er habe nie „abstrakt" komponiert – was bedeutet, daß er schon wußte, welches Instrument die in seinem Kopf neu entstandene Melodie spielen würde. „Ich erfinde den musikalischen Gedanken zusammen mit seiner Instrumentation."

Ja, da ist er ganz unglaublich! Und kein Mensch spricht darüber oder versteht es wenigstens. In den alten Zeiten hat man das so gemacht: zuerst wurde die Melodie niedergeschrieben, dann erst arrangiert; es war ein Arrangieren, kein Orchestrieren. Tschaikowskys Orchestrierung ist wie Silber, weil ihm die Musik genau so in den Kopf kam, wie sie später klingen sollte. Zum Beispiel die Klarinette in der Mitte des Andante in der 5. Sinfonie – das ist einfach göttlich. Wenn Tschaikowsky Sinfonien schrieb, dann *dachte* er instrumental. Er setzt das Holz wunderbar ein: in der 2. Sinfonie bewegen sich die Flöten aufeinander zu, sie scheinen zu flackern; im ersten Satz der 5. Sinfonie gibt es einen Akkord im Blech – Trompeten und Posaunen –, der ist wie eine Explosion! Genau wie die Hörner in *Pique Dame*, wenn die alte Gräfin stirbt. Das ist Genie! Oder der traurige Walzer in der 5. Sinfonie – zwei düster-schwermütig klingende Klarinetten, von Waldhörnern begleitet, vermitteln die Impression von Unheil.

Tschaikowskys Partituren zu lesen ist schwierig, weil er immer wieder die Tonart wechselt. Prokofjews Partituren sind einfach, weil alle verwendeten Instrumente in C gestimmt sind. Früher waren die Instrumente so gestimmt, daß sie in verschiedenen Tonarten gespielt werden konnten. Wenn man sich Tschaikowskys Partituren daraufhin einmal anschaut, dann muß man immer wieder transponieren, das ist eine ziemliche Mühe. Selbst unser Dirigent Robert Irving – der alles weiß und am Klavier hervorragend vom Blatt spielen kann –, selbst er schaut hin und sagt: „Was ist denn das!" Natürlich können große Musiker das besser als wir. Wenn Sie aber einmal studieren, was in welcher Tonart steht und darüber ein bißchen schwitzen, dann werden Sie alles verstehen.

Tschaikowskys 1. Sinfonie ist sehr tänzerisch, sie ist sehr durchsichtig notiert, wie ein Aquarell. Der Walzer ist besonders ansprechend. Zu schade, daß die 2. und 3. Sinfonie so selten gespielt werden. Zu meiner Zeit machte ein Witz die Runde am Petersburger Konservatorium: Ein Student wird gefragt, wieviel Sinfonien Tschaikowsky geschrieben hat, und er antwortet, drei. Die vierte, die fünfte und die sechste. Die zweite hat ein brillantes Finale, und in der dritten gibt es noch einen dieser wunderbaren Walzer, eine ganze Ballettszene – ausgezeichnet instrumentiert.

Tschaikowsky nannte seine 1. Sinfonie Winterträume; *er hatte einmal ein Gemälde gesehen mit einer Straße im Winter und gesagt, es könnte „eine Illustration" zu seinem ersten Satz sein. Er schrieb einen langen Brief an Frau von Meck über das „Programm" der 4. Sinfonie: es sind darin die Erinnerungen an seine Jugend und die folkloristischen Impressionen eines Feiertages enthalten. Tschaikowskys berühmter Satz in seinem Tagebuch – „Soll ich mich in die Arme des Glaubens stürzen?" – wird seiner 5. Sinfonie zugeordnet.*

Das ist ja alles Quatsch! Tschaikowsky hat zuerst die Musik geschrieben und ist dann mit Titeln gekommen. Titel sind wichtig für die Verleger, die sagen immer, man muß dem Kind einen Namen geben, dann verkauft es sich besser. Eine von Haydns Sinfonien hat man die *Mit dem Paukenschlag* genannt, damit die Ladies in Philadelphia – kleine Federn auf ihren Hütchen, Fünf-Uhr-Tee und all das – sagen konnten: „Oh!, die Sinfonie *mit dem Paukenschlag*! – die müssen wir uns anhören!" Dann gehen sie hin und hören zu; im zweiten Satz macht die Kesselpauke „bumm!", und das war's auch schon, danach kann man bis zum Ende durchschlafen. Es gibt noch eine Haydn-Sinfonie, der man den dümmlichen Titel *Die Uhr* oder *Die Glocke* gegeben hat. Darin gibt es einen starren Stakkato-Rhythmus, etwa bam-bam-bam-bam-bam. Und alle gehen glücklich nach Hause, weil sie eine Uhr ticken gehört haben. Haydn hat dabei überhaupt nicht an eine Uhr gedacht!

Tschaikowsky hat seiner *Pathétique* auch nicht ihren Namen gegeben; das war der Vorschlag seines Bruders, und

Tschaikowsky akzeptierte das. Er weinte viel, während er sie komponierte. Er schrieb, daß diese Sinfonie sein Requiem sei. Im ersten Satz hört man Vorahnung und Angst, dann den orthodoxen Grabgesang; im zweiten Satz erklingt ein seltsamer Walzer im Fünfvierteltakt; im dritten haben wir ein Klangbild wie huschende Mäuse, wie im *Nußknacker*. Und im Finale ist dann alles vorbei; die Posaunen und die Tuba spielen den Choral. Und alles ist meisterhaft, aufs wunderbarste ineinander verwoben: die Melodien im Finale erinnern an das Thema im ersten Satz. Und auch die Klangfarben sind ähnlich. Alles ist bis ins Feinste durchdacht! Es ist außergewöhnlich interessant, die Machart zu durchleuchten. Ich möchte den letzten Satz der Sechsten choreographieren: Ich weiß zwar noch nicht, wie das aussehen wird, aber es wird nicht getanzt. Nur eine Prozession, ein Ritual.

Ja, so etwa habe ich mir das gedacht. Wir haben alte Kostüme aus einigen Opern: dunkelrot, burgunder, schwarz mit langen goldenen Ärmeln. Es werden zwanzig bis dreißig Darsteller in diesen seltsam anmutenden Kapuzengewändern sein, sie werden goldene Gesichter haben. Und in der Mitte des letzten Satzes der Sechsten, wenn der Dur-Teil beginnt, geht plötzlich die Sonne auf oder so ähnlich. Und ich will Engel haben – weiß, mit riesigen Schwingen und goldenem Haar. Und vielleicht sollen sie Lilien halten. Ich möchte Mädchen mit Girlanden auf die Bühne schicken, sie sollen mit den Engeln zusammen auftreten. Ich habe mich aber noch nicht entschieden, ob sie die Haare hoch oder offen tragen werden.

Ich liebe es besonders, wie Jewgeni Mrawinski die Sechste dirigiert. Wir kennen uns schon aus Petersburg; er studierte am Konservatorium, und ich auch. Wir liefen uns am Mariinski Theater immer wieder über den Weg. Er war Gast und arbeitete später dort als Pianist an der Schule.

Später wurde er dann ein berühmter Dirigent, aber da hatte ich Rußland schon verlassen. Mrawinski ist etwa genauso lange bei den Leningrader Philharmonikern wie ich hier an unserem Theater. Er ist jünger als ich und sieht mir ähnlich, ist aber größer. Er schrieb früher Gedichte. Damals hatte ich die Poesie noch nicht für mich entdeckt. Und hier gab es jemanden, der ein kluger Mensch zu sein schien und noch dazu ein Dichter war. Also dachte ich, warum soll ich nicht seine Gedichte in Musik umsetzen? Und das habe ich dann getan. Mrawinski dirigiert Tschaikowskys 5. Sinfonie auch sehr gut. Er arbeitet nicht nur die Melodien heraus, sondern auch die Polyphonie – alles ist kompliziert ineinander verflochten, aber man kann jede einzelne Stimme kristallklar heraushören. Die 5. Sinfonie ist eines meiner Lieblingsstücke.

Der Kritiker Hermann Laroche, den Tschaikowskys Bruder Modest auch des Komponisten „ersten und einflußreichsten Freund" nannte, schrieb über Tschaikowsky folgendes: „Ich habe kaum einen Künstler kennengelernt, der so schwierig mit einem einzigen Begriff zu definieren war... Kann man denn sagen, daß er eine ‚rein russische Seele' war? Tschaikowsky vereinte in sich auf sehr komplizierte Weise eine kosmopolitische Sensibilität und die Fähigkeit, alle Probleme mit seiner starken national-russischen Bodenständigkeit zu absorbieren." Tschaikowsky war gegen eine Unterscheidung in russische und europäische Musik; in einem Brief vergleicht er die europäische Musik mit einem Obstgarten, in welchem verschiedene Bäume wachsen: französische, deutsche, italienische, russische, polnische usw.

Tschaikowsky war ein Europäer aus Rußland, das darf man nicht übersehen. Es war schwierig für ihn: immerhin war er Russe, er wollte der russischen Musik treu sein, aber gleichzeitig nicht hinter Europa zurückfallen. Sein ganzes Leben lang wurde er angegriffen, weil er nicht genügend Volksmusik verwendet habe. Aber er hat Volksmusik-Themen in der zweiten, vierten und sechsten Sinfonie, in den Balletten, überall. Tschaikowsky möchte nicht nationalistisch klingen, aber er bleibt immer russisch. Rimski-Korsakow möchte immerfort beweisen, wie russisch er ist, doch seine Musik klingt eher wie Wagner, mehr deutsch als russisch.

Tschaikowsky und Strawinsky sind sich ähnlich: Strawinsky versuchte auch nicht, speziell russische Musik zu schreiben, aber wenn man heute etwas von ihm hört, dann erkennt man, daß es russische Musik ist. Und zwar nicht nur *Feuervogel* oder *Petruschka* oder *Les Noces*. Nehmen wir einmal *Die Geschichte vom Soldaten*: der Soldat ist ein russischer Soldat, er spielt Geige. Ein französischer Soldat würde immer Trompete blasen. Ich habe mir kürzlich erst wieder einmal *Perséphone* angehört – es ist soviel russische Musik darin! Und in Strawinskys kleinen Stücken, sagen wir seinen Stücken für Klavier zu vier Händen – man hört immerzu russische Wendungen.

Laroche schrieb über Tschaikowsky: „Seine Werke bilden eine Art Mittellinie zwischen Gounod und Schumann: sie haben Glanz und gleichzeitig innere Wärme, sie gefallen dem Ignoranten und dem Kenner, sie können das Objekt einer Moderichtung sein, aber auch eine Marotte ausleben." Laroche erinnerte sich auch, daß Tschaikowsky „Sentimentalität in der Musik fürchtete, exzessives Rubato am Klavier nicht schätzte und bei dem Ausdruck ‚mit Seele spielen' in Gelächter ausbrach".

Tschaikowsky hat eine Menge sanfter, lyrischer Musik geschrieben, aber es gibt auch stürmische Passagen, fast wie bei Dostojewski. Bei Russen gibt es immer alles. Aber bei Tschaikowsky ist alles harmonisch, wohlabgewogen. Man kann nun lang und breit untersuchen, wie er es gemacht hat, welche handwerklichen Tricks er angewendet hat. Und die Leute sagen – Seele! Ich verstehe überhaupt nicht, was das ist – Seele in der Musik. Tschaikowsky hatte recht, wenn er darüber lachte. Wenn die Leute etwas mögen, dann sagen sie, es ist *duschewno*, beseelt. Sie bringen hier zwei vollkommen verschiedene Begriffe durcheinander – *duschewnyi*, „beseelt" und *duchownyi*, „durchgeistigt". Tschaikowskys Musik ist nicht beseelt, sie ist durchgeistigt.

Die Emotionen in Tschaikowskys Musik werden oft mißverstanden. Die Leute denken, Emotionen seien die Gefühle bei den alltäglichen Nichtigkeiten: du gehst mit einem Mädchen aus, du ißt, du trinkst, die Verdauung klappt. Hat man aber ein Hühnerauge oder der Schuh ist zu eng, dann möchte man am liebsten heulen. Aber das sind doch keine Emotionen! Tschaikowsky hat alle Emotionen – Freude und Kummer – in seiner Musik zum Ausdruck gebracht, schwarz auf weiß. Tschaikowskys Emotionen liegen in der Eleganz seiner musikalischen Linienführung, in der Architektur seiner Musik. Man kann relativ leicht formulieren, was man im täglichen Leben schätzt – das sind die alltäglichen Kleinigkeiten, von denen ich vorher sprach; aber über Musik läßt sich das schwer sagen. Musik enthält tiefe Gefühle und Emotionen; die Menschen werden mit ihnen geboren und sterben auch mit ihnen; aber sie können sie nicht erklären. Das paßt in Lermontows Richtung: „Was geht es uns an, ob Du gelitten hast oder nicht? ..."

Vielleicht ist Ihre Frau gerade gestorben, und Sie komponieren dennoch ein fröhliches Musikstück, weil es bestellt ist und Sie den Auftrag erfüllen müssen. Und es könnte sich als ein großes Werk entpuppen. So ist das, wenn man Emotionen in Musik ausdrückt. Natürlich wußte Tschaikowsky genau, was er bei seiner Musik im Sinn hatte, aber das kann man nicht mit Worten beschreiben. Wovon handeln seine Orchestersuiten? Ich weiß es nicht. Der erste Satz seiner 2. Suite ist überschrieben *Jeu des sons*. Was das heißt? Vielleicht hat Tschaikowsky sich in den anderen Sätzen etwas Konkretes vorgestellt, vielleicht etwas abgebildet? Wir wissen es nicht, wir lauschen einfach der wunderbaren Musik.

Der erste Satz der 1. Suite ist absolut genial, in sich vollkommen. In Rußland tanzten wir gewöhnlich den Marsch aus dieser Suite in dem Ballett *Die Puppenfee*, dirigiert vom alten Drigo. Die 3. Suite ist ein Meisterwerk. Denken Sie nur an den Walzer: düster, beinahe bedrohlich, aber nicht im geringsten sentimental! Und meisterhaft instrumentiert; er beginnt in den Bratschen, setzt sich in den unteren Registern der Flöten fort. Man kann nicht anders als intensiv zuhören. Der letzte Satz der 3. Suite, Thema und Variationen, wird heute ziemlich oft gespielt. Das Thema ist so elegant und verhalten – reinster Mozart!

Tschaikowskys Kompositionen nach Stücken von Shakespeare sind unvergleichlich: *Romeo und Julia, Der Sturm, Hamlet*. Shakespeare lag ihm. Schließlich besteht *Hamlet* zum Beispiel nicht nur aus Philosophie, es ist ein richtiges Stück fürs Theater mit Blutvergießen und allen möglichen, eigens für das Publikum erfundenen Effekten. Shakespeares *Sommernachtstraum* ist sehr unterhaltsam. Ich kenne das Stück in- und auswendig, natürlich auf russisch, weil ich als junger Mann in einer Petersburger Inszenierung als Schauspieler und Tänzer mitgewirkt habe.

Bellini und Gounod haben Opern über den Stoff Romeo und Julia *komponiert. Tschaikowsky schrieb darüber: „Hier wird Shakespeare bis zur Unkenntlichkeit verstümmelt und verzerrt…"*

Tschaikowsky hat aber Shakespeare auch abgewandelt, so wie er es gerade brauchte. Er machte aus *Romeo und Julia* eine ganz kurze Geschichte. Und Kürzen ist bekanntlich ziemlich schwierig. Wenn man Shakespeares Original liest – wo soll man anfangen, wo aufhören? Es ist ein gewaltiges Stück. Tschaikowsky macht keine Nacherzählung der Handlung. In seiner Shakespeare-Musik ist alles proportional und dennoch voll innerer Spannung. Man sagt, das sei Romantizismus. Aber ich glaube nein, es ist kein Romantizismus. Es ist aber auch nicht akademisch, wie Rimski-Korsakow. Es ist eben kaiserlicher Stil.

Einige halten Tschaikowsky für einen einfachen Komponisten. Lassen Sie die mal die *Mozartiana*-Suite hören! Da gibt es vieles, worüber man nachdenken kann: Warum hat Tschaikowsky sich entschieden, Mozart neu zu arrangieren? Wir wissen, er betete Mozart an. Und damals wurde Mozart nicht so oft gespielt. Tschaikowsky sagte, er wollte einige kleine Klavierstücke von Mozart orchestrieren, dann würden sie häufiger aufgeführt. Aber das ist nicht das einzige, was man dazu wissen muß. Tschaikowsky nahm sich Mozarts Gebet *Ave Verum* vor. Warum? Wahrscheinlich werden wir es nie erfahren. Er machte daraus mehr als ein neues Arrangement. Es ist eine Stilisierung – wie zum Beispiel Strawinsky später Pergolesi bearbeitet hat. Es ist Tschaikowskys Hommage an Mozart, die Hommage eines russischen Komponisten an einen österreichischen. Es ist durch und durch moderne Musik, besonders die Variationen und die Gigue. Unglaubliche Harmonien! Tschaikowsky war noch nicht alt, als er die *Mozartiana* schrieb. Hätte er lange gelebt – ich kann mir kaum vorstellen, was er noch alles erreicht hätte.

Die *Mozartiana*-Suite gab der Idee moderner Stilisierungen mit Sicherheit einen enormen Anstoß. Ich erkenne darin auch einen starken Petersburger Akzent. Und mir gefällt auch die Vorstellung, daß Tschaikowsky seine *Mozartiana* in Georgien geschrieben hat.

Die Serenade *für Streicher war, wie Tschaikowsky zugab, sein „liebstes Kind". In seinen Konzerten führte er diese Musik häufiger auf als seine anderen Werke. Der erste Satz ist ebenfalls als Hommage an Mozart konzipiert; Tschaikowsky schrieb: „In diesem Satz wollte ich Mozart ehren in einer bewußten Nachahmung seiner Handschrift, und ich wäre froh, wenn ich nicht zu sehr von meinem Vorbild abgewichen bin."*

Schon seit meiner Kindheit kenne und liebe ich Tschaikowskys *Serenade*. Und immer wollte ich das Stück gerne auf die Bühne bringen. Und es wurde schließlich meine erste Ballettarbeit in Amerika. Ich hatte das nicht geplant, es ist einfach so gekommen. Ich wollte die *Serenade* einfach machen, also habe ich sie gemacht. Ach, und wir hatten damals auch kein richtiges Orchester, nur ein ganz kleines. Und die *Serenade* kann man mit einer kleinen Streichergruppe spielen. Nachdem wir die *Serenade* aufgeführt hatten, wurde sie hier populär. So ging es uns mit vielen Kompositionen von Tschaikowsky. So zum Beispiel spielen alle Pianisten sein 1. Klavierkonzert. Und was ist mit dem zweiten? Dem dritten? Oder der *Konzertfantasie* für Klavier und Orchester? Tschaikowskys 2. Klavierkonzert gehört musikalisch vielleicht nicht zu seinen größten Werken. Aber es ist fantastisch geeignet zum Tanzen. Nachdem wir es aufgeführt hatten, haben es alle gespielt. Vorher nicht. Wenn ich jetzt das Radio anstelle, dann höre ich das 2. Klavierkonzert immer öfter. Genauso war es mit dem 3. Klavierkonzert und mit den Tschaikowskyschen Suiten. Früher zogen die Leute ein Gesicht, wenn wir Tschaikowsky spielten: Was soll denn das – muß das sein? Heute bemühen sich die Rundfunksender, Stücke ins Programm zu nehmen, ehe wir sie spielen. Dadurch versuchen wir nur, für Tschaikowsky dasselbe zu tun, was er für die wenig bekannten Werke von Mozart getan hat.

Im Jahre 1881 schrieb Tschaikowsky an Nadeshda von Meck: „Ich glaube, ich habe für mich eine angemessene Beschäftigung gefunden. In der religiösen Stimmung, in der ich mich befinde, würde ich gerne russische Kirchenmusik studieren. Ich habe mich schon mit unseren überlieferten Kirchengesängen beschäftigt und würde diese gerne mehrstimmig setzen." Tschaikowsky schrieb Vespern, *die er mit dem bescheidenen Untertitel versah: „Ein Versuch, Kirchenmusik für Chorstimmen zu setzen." In einem anderen Brief beschrieb er die* Vespern *folgendermaßen: „Ich bin darin keineswegs der unabhängige Künstler, sondern ich übertrage lediglich unsere überlieferten Kirchengesänge. Wenn ich damit auch nicht diejenigen zufriedenstelle, die von diesem Werk poetische Impressionen erwarten, so kann ich doch vielleicht unserem Kirchengesang einen seriösen Dienst erweisen…"*

Ich bin von Tschaikowskys Kirchenmusik nicht besonders beeindruckt. Er hat recht, sie eignet sich mehr für den tatsächlichen Gottesdienst als für den Konzertsaal. Es war auch nicht leicht für Tschaikowsky: Die orthodoxe Kirche hatte schließlich keinen Bach. Nehmen wir nur Bortnjanski oder Wedel – diese Musik ist nicht interessant, Tschaikowsky mochte sie auch nicht. Strawinsky schrieb wunderbare Musik für die Kirche. Strawinskys *Canticum sacrum* und sein *Requiem* sind große Werke, aber nicht für die russische Kirche, sie sind für die katholische Kirche, obgleich Strawinsky selbst ein inbrünstiger Anhänger des russisch-orthodoxen Glaubens war.

Die Uraufführung von Tschaikowskys Violinkonzert fand in Wien statt, und der einflußreichste europäische Musikkritiker der damaligen Zeit, Eduard Hanslick, schrieb eine Kritik. In einem Brief an Frau von Meck faßt Tschaikowsky diese für sie zusammen: „Hanslick schreibt, daß meine Stücke – soweit er sie kennt – im allgemeinen unausgeglichen sind, vollkommen geschmacklos, roh und wüst. Was nun das Violinkonzert anlangt, so ist der Anfang erträglich, aber es wird im Verlauf immer schlimmer. Am Ende des ersten Satzes, so sagt Hanslick, spielt die Violine nicht, sondern röhrt, kreischt und grollt. Das Andante beginnt auch gut, artet aber bald in die Stimmung eines wilden russischen Feiertages aus, wo jedermann betrunken ist, alle Leute rauhe und abstoßende Gesichter haben. ‚Ein Autor‘, so fährt Hanslick fort, ‚sagte einmal über ein Gemälde, daß es so abstoßend realistisch sei, daß es einen Gestank von sich gebe; als ich der Musik von Herrn Tschaikowsky zuhörte, da ging mir auf, daß es auch stinkende Musik geben kann‘. Eine merkwürdige Kritik, finden Sie nicht auch? Ich habe eben kein Glück mit meinen Kritikern.“

Geiger lieben dieses Konzert: ein Freund von mir, ein Geiger, sagte mir, daß der zweite Satz an jüdische Musik erinnert. Ich liebe auch Tschaikowskys *Méditation* für Violine; das Stück hat noch einen anderen Namen: *Erinnerungen an einen geliebten Ort*. Wenn ich diese Musik höre, verstehe ich, wie einsam und traurig Tschaikowsky manchmal war. Aber die Musik ist doch so edel! Und was so wichtig ist: sobald der Anfang eines Werks erklingt, weiß man, daß es von Tschaikowsky ist. Praktisch vom ersten Ton an kann man sagen – das ist Tschaikowsky, das ist ganz typisch für ihn! Nicht viele erreichen das.

VIII

Opern

Jedes Mal, wenn ich gefragt werde, welche von Tschaikowskys Opern besser sei, *Eugen Onegin* oder *Pique
Dame*, antworte ich, daß ich das nicht sagen kann. Ich halte
beide für ungewöhnlich gut. Ich kenne sie in- und auswendig, ich bin, als ich jung war, in beiden aufgetreten –
natürlich in den Ballettszenen – und habe *Eugen Onegin*
auch selbst inszeniert. Manchmal werde ich gefragt, welche
Oper sich besser produzieren läßt, welche besser beim
Publikum ankommt. Dann frage ich zurück: was haben Sie
im Repertoire, was haben Sie letztes Jahr neu herausgebracht, was planen Sie denn für das nächste Jahr? Es ist sehr
wichtig, das eigene Publikum zu kennen, zu wissen, woran
es gewöhnt ist, was es erwartet. Und vielleicht würde ich
dann vorschlagen, mit *Pique Dame* zu beginnen. Tschaikowsky benutzte eine Novelle von Puschkin, die eine echt
Petersburger Geschichte erzählt: Der junge Offizier Hermann möchte durch das Kartenspiel reich werden; er würde
alles dafür tun. Er verschuldet den Tod der alten Gräfin, er
verläßt das Mädchen, das er liebt. Er hat aber kein Glück,
verliert all sein Geld, verliert seinen Verstand und begeht
Selbstmord. Kartenspiel, Geld – das versteht man auch hier
im Westen. Und es gab hier auch ebensolche Offiziere.

Onegin ist schwieriger zu verstehen, die Leidenschaften
sind nicht so wild, auch wenn es eine Duellszene in der
Oper gibt. Über *Onegin* muß man nachdenken, und zu
allererst müßte man Puschkins Ballade *Eugen Onegin* lesen.
Die meisten Menschen lesen nicht mehr gründlich, sie

überfliegen die Seiten – schnell, schnell! Sie sind nur an der Handlung interessiert, während doch in *Onegin* die Atmosphäre am wichtigsten ist: ein ländliches Anwesen, ein junges Mädchen, das sich in einen Dandy aus der Hauptstadt verliebt, der als Gast zu Besuch ist, ein Duell zwischen Freunden, unerwiderte Liebe.

Als Tschaikowsky mit der Musik zu Eugen Onegin *begann, schrieb er an seinen Bruder: „Du wirst es nicht glauben, aber ich bin wie besessen von diesem Stoff. Ich bin so froh, endlich all die äthiopischen Prinzessinnen, die Pharaonen, die Giftmorde und andere Gestelztheiten loszusein. Welch ein Schatz echter Dichtung liegt in Puschkins* Onegin. *Ich irre mich nicht; ich weiß durchaus, daß es in dieser Oper nur wenig Bühneneffekte und Bewegung gibt. Aber die Poesie, die Menschlichkeit und Schlichtheit der Handlung in Verbindung mit dem* genialen *Text wird diese Mängel mehr als wettmachen.“*

Tschaikowsky bezeichnete seinen *Onegin* auch nicht als Oper, sondern nannte das Werk „lyrische Szenen" – nach Puschkin. Auf der Bühne sehen wir das gemächliche Leben auf dem Lande, jedes Detail liebevoll von Tschaikowsky nachgezeichnet, bis hin zur alten *njanja*, die, wenn sie singt, unverkennbar eine Frau aus Moskau ist. Man kann ihren Moskauer Akzent in der Musik hören. Ich weiß das, weil ich die Moskauer Aussprache sehr leicht von der Petersburger unterscheiden kann.

Aber Tschaikowsky war natürlich ein Mann des Theaters; und darum hat die Oper die dramatische Duell-Szene: Onegin tötet seinen Freund Lenski. Manchmal werde ich gefragt, wer denn nun im Recht ist und wer schuldig sei an dem Duell. Dann antworte ich immer, ich wüßte nicht, was „schuldig" bedeute. Dies ist schließlich kein Kriminalprozeß, es ist eine Oper. Vielleicht hat Puschkin hier ein Duell beschrieben, weil Duelle damals in Rußland sehr populär waren. Er selbst ist auch so umgekommen, genau wie der andere große russische Dichter Lermontow. Zu meiner Zeit waren es einzig die deutschen Studenten, die sich schlugen.

Vielleicht hat Puschkin seine handelnden Personen aber auch deshalb in Duelle verstrickt, weil das ein guter Weg war, eine dramatische Situation zu lösen. Der Held der Handlung ist für einen Autor schließlich nur eine Schachfigur; er schiebt sie hin und her, um das Spiel zu gewinnen. Auf diese Art hat Puschkin geschrieben – eine Seite, noch eine Seite, Seite für Seite große Dichtung. Und die Frage nach der Schuld – die kümmert den Autor überhaupt nicht. Ich kann mich noch erinnern, wie der große Tenor Sobinow den Lenski am Mariinski Theater gesungen hat. Nach der Duell-Szene, wenn Onegin den Lenski getötet hat, haben immer viele Leute den Saal verlassen – an mehr waren sie nicht interessiert. Das ist so dumm. Das Wichtige ist hier nicht das Duell, sondern die Musik. Im letzten Akt, dem dritten, gibt es eine Menge wundervolle Musik – eine Polonaise, einen Walzer; wie kann man hinausgehen, ohne die gehört zu haben?

Tschaikowsky blieb dabei: „Oper verlangt Prägnanz und rasch voranschreitende Handlung." Als der Großfürst Konstantin Tschaikowsky rügte, weil die Personen in Pique Dame *Wörter und Sätze sprechen, die im realen Leben nicht so gesprochen werden, antwortete der Komponist: „Wenn nötig, bin ich ganz darauf eingestellt, für die künstlerische Wahrheit schamlos von der realistischen Wahrheit abzuweichen. Diese beiden Wahrheiten sind vollkommen verschieden. Wenn man das Bemühen um Realität in der Oper auf die Spitze treibt, wird man unweigerlich eine Ablehnung der*

Oper als Kunstform erreichen: Menschen, die singen anstatt zu reden – das ist der Gipfel der Falschheit. Natürlich möchte ich nicht zu überholten Opernkonventionen und diesem ganzen Unsinn zurückkehren, aber ganz sicher habe ich auch nicht die Absicht, mich den despotischen Theorien des Realismus zu unterwerfen.«

Dumme Menschen belieben zu scherzen, daß man in Opern immer singt: „Nur fort, schnell fort", aber keiner verläßt die Bühne. Wenn man Leute rennen sehen möchte, sollte man besser in ein Stadion gehen und nicht in ein Opernhaus. Wenn in einer Oper gesungen wird „lasset uns fliehen", dann bedeutet das, daß der Komponist an dieser Stelle die Notwendigkeit dramatischer Musik empfunden hat. Man sagt, Tschaikowskys *Eugen Onegin* und *Pique Dame* seien nicht so, wie Puschkin sie geschrieben hat. Wenn Tschaikowsky sie genau so gewollt hätte, dann hätte er ein langes Schauspiel schreiben müssen, alle handelnden Figuren müßten sprechen anstatt zu singen, und sie würden ganz normalen Menschen gleichen. Und dann wäre es keine Oper, so einfach ist das. Puschkins *Pique Dame* hat eine unterhaltsame Handlung, aber wenn es für einen Opernbesucher keinen anderen Grund gibt als herauszufinden, ob die Hauptfigur im Kartenspiel gewinnt oder verliert, dann sollte er besser zu Hause bleiben.

Pique Dame ist die petersburgischste von Tschaikowskys Opern und wurde in Florenz geschrieben. Schnell geschrieben, innerhalb von sechs Wochen. Und die Oper entwickelt sich schnell und klar, erreicht ihren Höhepunkt in der vierten Szene und fliegt dann der Auflösung zu; diese Oper ist meisterhaft konstruiert. Das großartige Quintett in der ersten Szene – ein unwirklicher Einhalt, wie es ihn nur in der Oper geben kann: fünf Menschen stehen auf der Bühne und singen ganz lange, wie sehr sie sich fürchten. Im Film würden sie laufen und herumspringen, aber so etwas macht sich nur im Film gut.

Nasar Litrow, der Diener seines Bruders, ging mit Tschaikowsky nach Florenz und hinterließ ein merkwürdiges Tagebuch über die Entstehungsgeschichte von Pique Dame. *„Um sieben Uhr abends kam ich in Pjotr Iljitschs Zimmer und sagte ,Zeit aufzuhören'. Pjotr Iljitsch fährt fort, diese Schnörkel zu machen! ,Sofort', sagt er und macht noch einen Schnörkel, während er mit einer Hand das Klavier anschlägt. In letzter Zeit hat Pjotr Iljitsch mir alles erzählt – und das ist verständlich, weil außer mir niemand da ist, dem er etwas erzählen könnte. Während er sein Bad nahm, erzählte er mir, wie er die Oper beendet hat. ,Weißt du, Nasar', wandte er sich zu mir und fing an zu erzählen, ,Hermann hat Selbstmord begangen!' Pjotr Iljitsch weinte den ganzen Abend, seine Augen waren rot, er war vollkommen erschöpft. Er hat Mitleid mit dem armen Hermann! Dann spielte mir Pjotr Iljitsch Hermanns Tod vor, wie er ihn komponiert hat, und seine Tränen fingen wieder an zu fließen. Ich liebe diese Tränen! Wenn, so Gott will, diese Oper auf der Bühne gehört und gesehen wird, dann werden wahrscheinlich viele Leute Tränen vergießen und Pjotr Iljitschs Beispiel folgen."*

Tschaikowsky weinte, weil ihm gefiel, was er geschrieben hatte. Ich denke, das ist so bei Komponisten. Selbst Strawinsky konnte leicht in Tränen ausbrechen, wenn er seine eigene Musik hörte, besonders wenn er dabei zu Hause war. Die Leute wundern sich, wenn sie so etwas hören. Man stellt sich immer vor, Strawinsky errechnete seine Musik wie ein Mathematiker. Tatsächlich aber war Strawinsky gefühlsmäßig sehr involviert, wenn er komponierte.

Wenn Tschaikowsky traurige Musik zu schreiben hatte, stellte er sich etwas Trauriges vor; so hat er selbst gesagt. Wir Tänzer arbeiten da anders – immerhin erfinden wir Bewegungen, die im realen Leben nicht existieren. Wenn Tschaikowsky Opern oder Liebeslieder komponierte, dann hatte er den Text zur Verfügung; wir aber haben keinen Text. Wenn ich ein Ballett mache, denke ich nicht an Glück oder Traurigkeit, ich denke an den Komponisten und seine Musik. Ich kann nicht über den Verlorenen Sohn weinen oder über Orpheus, weil die sich selbst ins Unglück gestürzt haben. Ich habe genug Probleme mit der Musik; es ist nämlich ziemlich schwierig, Bewegungen zu schaffen, die der Musik nicht zuwiderlaufen, sondern sich ihr anpassen. Und dann denkt man, wie mache ich es, daß an dieser Stelle die Arme des Mannes nach oben zeigen und die Frau herbeirufen. Und dann soll es auch noch interessant sein, elegant oder komisch, und vieles mehr. Darin besteht unsere ganze Kunst! Und es ist schwierig, man muß viel darüber nachdenken.

Manchmal mache ich mir Gedanken über modernen Tanz: dieselbe Geste wird für millionenfach unterschiedliche Situationen benutzt – hier und dort, und wer weiß, wofür noch. Und die Geste ist immer die gleiche. Das kommt daher, daß nicht genügend über die Bedeutung der Geste nachgedacht wird. Einige denken vielleicht doch, aber die sind dann nicht ausreichend ausgebildet oder nicht ausreichend kreativ. Natürlich schaffen wir das auch nicht immer, darum sollte ich vielleicht nicht so damit angeben.

So sitzt man denn und denkt darüber nach, wie man die Bewegung in Einklang mit der musikalischen Linienführung bringt und nicht nur mit der Betonung innerhalb eines Taktes. Wo es in der Musik einen starken Akzent gibt, muß im Tanz noch lange keiner sein. Zum Beispiel könnten es bei einer Musik im Dreivierteltakt in der Notierung auch sechs Achtel sein. Und sechs Achtel sind nicht einfach sechs gleiche Teile: die Betonung kann auf der geraden oder der ungeraden Note liegen. Das muß man alles dabei bedenken. Und darum denke ich auch bei einem *pas de deux* nach Musik von Tschaikowsky nicht an den *pas de deux*, sondern an die Musik, an Tschaikowsky.

Die meisten Opern von Tschaikowsky sind nach russischen Vorlagen geschrieben. Tschaikowsky selbst erläuterte dies und schrieb: „Im allgmeinen vermeide ich ausländische Stoffe, denn das einzige, was ich kenne und verstehe, sind die Russen, russische Mädchen und Frauen." In einem anderen Brief finden wir eine typische Aussage: „Ich brauche Menschen, keine Puppen. Ich werde bereitwillig jede Oper schreiben, in der Kreaturen wie ich – selbst ohne starke und überraschende Effekte – Gefühle erleben, wie ich sie erlebt habe und die ich verstehe."

Das ist doch das Wesentliche! Tschaikowsky hat alles gesagt! Manchmal sind die Menschen erstaunt, daß sich so vieles in Tschaikowskys schönster Musik an Frauen wendet. Und denken Sie nur an die weiblichen Rollen in seinen Opern: die Maria in *Mazeppa*, Nastassja in *Jolanthe*! Oder die Lisa in *Pique Dame*! Die Szene, in der Tatjana in *Eugen Onegin* den Brief schreibt – das Werk eines Genies! Vielleicht die beste in dieser Oper überhaupt. Man fragt sich, wie kann das sein – Tschaikowsky und die Frauen – was für Gemeinsamkeiten gibt es hier? Aber das ist gar nicht wichtig! Das Gefühl ist wichtig, nicht das Objekt. Einige mögen Frauen, einige mögen Männer. Wenn man die Gedanken eines Menschen lesen könnte, würde man vieles dort verborgen finden, was man nicht enthüllen kann. Niemand offenbart die ganze Wahrheit über sich selbst, und für einen Intellektuellen ist es besondes schwierig, über sich selbst zu sprechen. Aber er kann ein Gedicht schreiben oder Musik. Und wenn er dann noch ein Genie ist wie Tschaikowsky, kann das Ergebnis wunderbar sein.

Ich habe in Rußland Oscar Wildes *Salome* unter der Regie von Konstantin Mardschanow gesehen, eine unvergeßliche Inszenierung. Salome sagt unglaubliche Dinge zu Johannes dem Täufer! Hätte Wilde dabei an einen hübschen Jungen denken können, als er das schrieb? Selbstverständlich hätte er das! Ich bin mir sogar sicher, daß er das getan hat! Es spielt keine Rolle, daß Salome eine Frau ist, daß sie Brüste und weibliche Hüften hat, das Wesen des Gefühls, das ist es, worauf es ankommt.

In *Pique Dame* hat Lisa eine erstaunliche Arie, als sie auf Hermann wartet. Eine Frau könnte das so nicht schreiben! Selbst wenn eine Dichterin an einen Mann schriebe – es würde nicht von solcher Leidenschaft sein. Ein Mann hat das geschrieben! Und so ist es immer gewesen – immer waren es Männer, die von Liebe gesprochen und geschrieben haben: Puschkin und Tschaikowsky und Strawinsky und wir andern Sünder alle.

IX

Schwanensee und Dornröschen

Tschaikowskys Ballettmusiken sind ebenso wundervoll wie seine Opern: man kann sie mitsingen! Ganz gleich, welcher *pas de deux* – zum Beispiel der aus *Schwanensee* –, oder jeder seiner unbeschreiblich schönen Walzer, alle Melodien sind absolute Vokalmusik. Denken Sie nur an die herrlichen Themen in der Mitte des Walzers am Anfang von *Schwanensee*! Oder der Walzer aus *Dornröschen*, erster Akt – was für ein Charme, was für ein Glanz! Oder die Melodie der Blumenfee, göttlich intoniert von den Streichern vor dem weichen Hintergrund der Waldhorn-Akkorde. Wenn das gesungen würde, es wäre unvergeßlich! Tschaikowskys Ballette zu tanzen ist eine reine Freude. Ich weiß es, ich habe sie selbst getanzt. Tschaikowskys Musik unterstützt die Tänzer sehr, man kommt hinaus auf die Bühne, und plötzlich geht alles wie von selbst, alles ist leicht, man schwebt.

Tschaikowsky liebte das Ballett von Kindheit an. Sein Bruder Modest erinnerte sich an den Moskau-Besuch des Komponisten Camille Saint-Saëns, der sich mit Tschaikowsky anfreundete, und schrieb: „In ihrer Jugend haben beide das Ballett nicht nur angebetet, sondern auch perfekte Imitationen der Ballerinen abgeliefert. Einmal, im Konservatorium, wollten sie sich gegenseitig ihr Können beweisen und führten das kleine Ballett Galatea und Pygmalion *auf der Bühne des Konservatoriums auf. Saint-Saëns, vierzig Jahre alt, war Galatea und stellte die Statue mit extremer*

126

Einfühlsamkeit dar; Tschaikowsky war fünfunddreißig und übernahm die Rolle des Pygmalion. Nikolai Rubinstein, Direktor des Konservatoriums, übernahm den Klavierpart. Leider Gottes war außer den drei Beteiligten niemand sonst bei dieser einzigartigen Aufführung anwesend."

Tschaikowskys Freund Hermann Laroche erinnerte sich, daß Tschaikowskys Liebe zum Ballett nicht gerade typisch war für die russische Intelligenzija; Laroche brachte zu Papier, was einer der einflußreichsten und gebildetsten russischen Journalisten im Jahre 1869 zu ihm sagte: „Sie sollten das Ballett nicht so stark idealisieren. Ballett ist dazu da, impotente alte Männer zu erregen." Laroche erinnerte sich auch an Tschaikowskys Reaktion: „Als ich versuchte, Tschaikowsky beizubringen, daß unsere Puristen das Ballett als ein verführerisches und lasziveres Spektakel denunzierten, schaute er mich erstaunt an: ‚Ballett ist die unschuldigste, die moralischste aller Künste. Wenn dem nicht so wäre, würde man wohl kaum immer wieder Kinder zum Ballett bringen.'"

Da stimme ich Tschaikowsky zu! Aber es ist wahr, in früheren Tagen wurde das Ballett als lüsterne Veranstaltung angesehen. Natürlich gab es Ballettomanen, die überhaupt nicht am Tanz, sondern nur an den schönen Tänzerinnen interessiert waren. Während der Vorstellung saßen sie im Raucherzimmer des Mariinski Theaters und redeten über die schönen Körper ihrer Lieblinge. Und einer der Türsteher würde dann kommen und Bescheid sagen, wenn die Geliebte von Herrn Soundso demnächst mit einem Solo dran wäre. Der betreffende Herr würde dann aufstehen, in seine Loge gehen und „Bravo!" rufen.

Damals gab es noch so gut wie keine Ballettkritik. Wenn über das Ballett geschrieben wurde, ging es einzig und allein um die sexuellen Reize: man schrieb über den schönen

Nacken, die Arme und Beine der Tänzerinnen. In Petersburg gab es einen berühmten Kritiker namens Akim Wolinski, ich habe ihn gut gekannt. Er fühlte sich sehr zu Ballerinen hingezogen und leitete eine ganze Theorie für das Ballett davon ab: daß nämlich die Erotik das Wichtigste daran sei. In seinen Kritiken beschrieb er die Form der Schenkel seiner Lieblinge und dergleichen mehr. Und andere Kritiker posaunten auch ihre Hymnen auf die Lenden der Ballerinen hinaus, weil sie mit diesen Damen liiert waren. Das waren die berühmten Petersburger Ballettomanen. Die sind inzwischen alle gestorben. Es ist heute einfach, darüber zu lachen, aber wir tun ihnen bestimmt damit kein Unrecht. Es waren Petersburger Exzentriker, Originale wie es sie heutzutage nicht mehr gibt.

Tschaikowsky war von früher Jugend an überzeugt, daß Ballett eine Kunst ist, die den anderen Künsten in nichts nachsteht. Und das war vor hundert Jahren! Die meisten Menschen ringen sich erst heute zu dieser Einstellung durch. Ich kann mich erinnern, daß amerikanische Eltern früher dachten, Ballettschulen seien Höhlen des Lasters. Und wieso unterscheidet sich eine Ballettschule von einer Musikschule? Als Zuschauer sieht man immer nur Mädchen und Knaben zusammen tanzen, und man stellt sich vor, daß sie die ganze Zeit lüsternen Gedanken nachhängen. Tatsächlich aber gibt es beim Tanzen überhaupt keine erotischen Impulse. Absolut keine! Das steht vollkommen außer Frage! Tanzen ist so anstrengend, man benötigt viel Zeit und Kraft. Wenn man mit der Arbeit beginnt, verschwinden alle erotischen Gefühle. Natürlich kann man im Corps de ballet ein nettes Mädchen kennenlernen und auch eine Liebschaft mit ihr haben, aber eine echte Ballerina, die am Theater tanzt, denkt nicht an Sex – nicht auf der Bühne und nicht im Privatleben. Die Bühne löscht den Sex aus. Du kommst auf die Bühne und fliegst ihr entgegen, sie streckt sich dir entgegen und wirft sich dir in die Arme. Du bist sehr angespannt, denn du kannst sie kaum sehen. Und doch mußt du sie auffangen und heben. Das ist sehr schwierig. Das ist reine Technik, kein Sex.

Für das Publikum mag es so aussehen, als sei der Tänzer auf der Bühne erregt, wenn er die Hand der Ballerina hält, als handele es sich dabei um etwas Unzüchtiges. Nichts dergleichen! Er versucht lediglich, seine Arbeit gut zu machen. Die Herren im Ballett sind die Begleiter des Tanzes der Damen, sie sind nur ihre zweite Hälfte. Darum nennt man das auch Unterstützen. Der Herr unterstützt die Dame, er trägt sie nicht. Das ist Tanzen, kein Sex. Diese beiden Dinge muß man auseinanderhalten.

Ballettfreunde haben das nicht verstanden, und das Ergebnis waren Tragödien. In Petersburg habe ich mit Lida Iwanowa getanzt, einer göttlichen Ballerina, ungewöhnlich begabt. Sie war schön, vielleicht ein bißchen stämmig, aber mit einer guten Figur. Mit ihr zu arbeiten war leicht und eine Freude. Ich habe für sie die *Valse Triste* von Sibelius choreographiert. Heute glaube ich, wenn ich daran zurückdenke, daß es wahrscheinlich ganz fürchterlich war, aber damals fanden es alle schön. Die Besetzung von Lida Iwanowa in *Valse Triste* war ein Volltreffer. Das war ihr Durchbruch zum Star, wurde ihr Steckenpferd. Ihr buckliges Steckenpferdchen!, denn sie hat übrigens auch die Pearl im Ballett *Das kleine bucklige Pferdchen* getanzt.

Ich kannte sie seit unserer Kinderzeit, ich habe sie immer gemocht. Ich war sehr klein damals. Ich war so klein, daß ich meine Briefe spaßeshalber mit *Maloross* unterzeichnete [was soviel bedeutet wie ein Ukrainer, der aus Klein-Rußland kommt, oder aus Malorossija; das ist auch ein Wortspiel und bedeutet wörtlich „kleinwüchsig"] – und das, obgleich ich doch Georgier war. Lida tanzte die *Fée aux Miettes* und die Weiße Katze in *Dornröschen* und das klassische Trio in *Schwanensee*. Sie war eine wunderbare Fee! Ich tanzte mit ihr in Lew Iwanows Ballett *Die Zauberflöte* nach Musik von Drigo.

Lida sang auch sehr gerne, und manchmal begleitete ich sie zu Glinkas Liebesliedern. Sie zählte berühmte Schauspieler zu ihren Freunden – Kachalow vom Moskauer Künstlertheater sowie Michail Tschechow. Unter ihren Verehrern waren auch Männer in leitenden Positionen. Und das führte zur Katastrophe.

Als wir uns entschlossen hatten, ins Ausland abzuhauen – Schewerschejewa, Schura Danilowa, Efimow und ich –, sollte Lida Iwanowa eigentlich mitkommen. Kurz vor unserer Abreise überredete einer ihrer Verehrer sie, eine Bootsfahrt auf dem Finnischen Meerbusen mit ihm zu machen. Er war ein großes Tier in der Tscheka, der bolschewistischen Geheimpolizei, und „kümmerte" sich immer um uns, führte uns aus, lud uns ein und verbrachte viel Zeit mit uns. Ich erinnere mich, daß er immer Lidas Schultern küßte. Er hatte eine Affäre mit ihr – es war keine Liebe, nur die Intrige eines Ballettfans. Das ist ja so einfach!

Fünf Personen waren in dem Boot. Ein großes Schiff rammte sie. Das Motorboot brach auseinander, und Lida ertrank.

Ich glaube, es war alles so inszeniert. Die Kollision war nicht unvermeidlich: das große Schiff hätte beidrehen können, es hatte Zeit genug. Und außerdem war Lida eine hervorragende Schwimmerin. Der Fall wurde schnell beigelegt, es gab keinerlei Nachforschungen. Ich hatte gehört, Lida habe von irgendwelchen wichtigen Geheimnissen Kenntnis gehabt, und man wollte nicht, daß sie diese an den Westen verrate. Man hatte sich überlegt, wie man sie loswerden könnte und offensichtlich einen Unfall vorgetäuscht.

Laroche schrieb 1893: „Ich würde Tschaikowsky keinen eingefleischten Ballettomanen nennen. Ich habe ihn nie Fachausdrücke wie élévation, ballon *oder andere benutzen hören. Allerdings lernte ich diese Wörter von ihm, aber Tschaikowsky benutzte sie nur, um zu beweisen, daß er die Feinheiten dieser Kunst nicht beherrsche. Einmal erzählte er mir, eine Ballerina würde den* pas de cheval *tanzen. Ich könnte nicht präzise sagen, wie weit seine Kenntnis der Positionen ging, aber im ästhetischen Sinne war Tschaikowsky immer ein Bewunderer und Förderer des Balletts... Er hegte größte Abscheu gegenüber Philistern, die einzig aus dem Grunde in Vorstellungen gingen, um nackte Tänzerinnen zu sehen.“*

Ich denke, wenn man eine Ballettvorstellung ganz in sich aufnehmen will, muß man wenigstens ein bißchen darüber wissen, wie es gemacht wird. Man muß schon etwas von Ballett-Technik verstehen. Das Publikum wird immer das Tanzen mehr genießen können, wenn es einige Begriffe aus der Ballettsprache kennt. Aber natürlich ist ein gutes Auge am wichtigsten! Wenn man das hat, sind all diese Fachausdrücke nicht so wichtig. Selbst wenn man nicht weiß, was *élévation* oder *ballon* bedeutet, kann ein Mensch mit einem guten Auge sehen, ob wir gut tanzen oder nicht. Wir versuchen aber nicht nur, gut zu tanzen, sondern hundertmal besser, so daß selbst das unwissendste Publikum sehen kann, daß es gut ist.

Ballett ist sehr harte Arbeit, körperlich und geistig. Es verlangt enorme Konzentration. Irgend jemand hat einmal zu mir gesagt, Tänzerinnen arbeiten ungefähr so schwer wie Polizisten: immer in Bereitschaft, immer angespannt. Aber sehen Sie, Polizisten müssen nicht gleichzeitig auch noch schön sein! Wir aber müssen all unsere Kunststückchen bringen, um den Leuten zu gefallen, damit das Publikum denkt, da, schaut einmal, das ist klassische Kunst. Und der Tänzer steht inzwischen angespannt da, überlegt, wie er es schafft, die Ballerina weiterhin zu unterstützen. Sein Arm ist gleichzeitig hart und weich. Er führt und plaziert die Ballerina, sein Körper folgt seinem Arm. Man muß schon wissen, wie man all dies zu tun hat! Und dann muß man dabei auch noch gut aussehen!

An unserem Theater ist es sehr wichtig, daß die Tänzer nicht mit der Musik auseinander sind. Andere Theater scheren sich keinen Deut darum, da improvisieren die Tänzer auf der Bühne, machen, was sie wollen, während das Orchester mühsam hinter ihnen herhinkt, schneller oder langsamer spielt, um sich den Tänzern anzupassen. An unserem Theater ist alles genau festgelegt und errechnet: wieviel Zeit ein Sprung dauert, auf, ab – genau auf den Punkt. Noch präziser als in einer Oper. Sänger erlauben sich manchmal alle möglichen Freiheiten, verzögern, wo immer es ihnen einfällt. Aber nicht bei jedem Dirigenten! Wenn Karajan dirigiert oder ein anderer namhafter Dirigent, dann können die Sänger nicht machen, was sie wollen, dann singen sie so, wie der Komponist es notiert hat.

Unsere Tänzerinnen arbeiten sauber, und das ist sehr schwierig. Nehmen wir einmal Suzanne Farrell – eine saubere Tänzerin, keine Fehler. Eine Ballerina kann hart trainieren und es dennoch nicht schaffen. Diese Exaktheit der Ausführung – wie die Farrell und Kyra Nichols sie besitzen – ist gottgegeben. Arthur Rubinstein spielte wundervoll Klavier, aber mit vielen falschen Noten. Er sagte dann gewöhnlich: „Wenn ich jede falsche Note bezahlt bekäme, wäre ich Millionär!" Wir sind nicht Rubinstein, wir müssen sauber arbeiten. Ich versuche immer wieder, den jungen Tänzern das zu erklären. Wir haben einen Haufen junger Leute in unserem Ballett, ich habe sie alle selbst ausgesucht. Wenn sie hart arbeiten, dann sind sie später so gut trainiert, daß sie sich auch noch auf der Bühne sehen lassen können, wenn sie alt sind; sie werden auch noch mit vierzig auftreten können.

Das ist kein angenehmes Thema, ich weiß. Aber Tanzen ist nun mal etwas für junge Leute, das kann man nicht ändern. Wenn man auf die vierzig zugeht, wird es mit dem Tanzen problematisch. In anderen Berufen ist vierzig vielleicht kein Alter. Aber wir – sind dann alt. Ballett ist wie Boxen. Muhammad Ali konnte jeden schlagen, aber nur solange er jung war. Das liegt in der Natur der Sache. Mit Pferden ist es genauso: Dreijährige sind prima, aber wenn sie fünf Jahre alt sind, ist es nicht mehr dasselbe.

Aber wer sagt denn, daß man das ganze Leben lang auf der Bühne stehen muß? Man sollte so lange tanzen, wie man den Drang dazu verspürt. Man spürt selbst genau, wenn das, was man leisten konnte, zu anstrengend wird. So ist das Leben. Im Leben ist es immer so: man macht erst das eine, dann etwas anderes.

Es gibt ein berühmtes Rätsel: Was geht am Morgen auf allen Vieren, am Mittag auf zwei Beinen und am Abend auf dreien? Das ist der Mensch. Als Kind krabbelt er auf allen Vieren, und am Abend seines Lebens, wenn er alt ist, benutzt er einen Spazierstock. Wir Tänzer sind da anders konstruiert und natürlich besser trainiert als der Durchschnittsmensch. Doch selbst wir können den menschlichen und göttlichen Gesetzmäßigkeiten nicht entfliehen.

Manchmal wird gesagt, daß eine junge Ballerina heute nichts ist, aber später, in der Zeit ihrer Reife, gut wird. Nein! Nehmen wir Darci Kistler – sie ist siebzehn und schon jetzt wundervoll, man kann ihr nichts nachsagen. Sie braucht Verständnis nicht zu lernen – sie versteht schon jetzt. Man muß – wie sie – früh anfangen, so daß man schon alles kann, wenn man noch sehr jung ist. Denn Ballerinen sind wie Blumen: die Knospe öffnet sich, und dann ist sie am schönsten; am nächsten Tag ist sie schon nicht mehr taufrisch. Am übernächsten Tag öffnet sich eine andere Knospe.

Manchmal haben verwelkende Blumen ein strenges Aroma. Ihr Geruch ist stark, berauschend. So etwas eignet sich aber nur für einen speziellen Geschmack. Einige – wie Diaghilew zum Beispiel – lieben den Duft verwelkender Blätter, verwelkter Blumen; andere nicht. Das ist so ähnlich wie mit Käse: einige lieben stark riechenden Käse, aber ich hasse Roquefort. Ich liebe jungen Käse. Ich bin Georgier, und wir haben keine stinkenden Käsesorten im Kaukasus. Man ißt dort jungen Ziegenkäse. Bei uns zu Hause in St. Petersburg war der Käse hart, wir brachen uns Stückchen davon ab und gossen kochendes Wasser darüber. Wir aßen den Käse mit heißen Pfannkuchen, köstlich. Ein sehr guter Käse hier ist der italienische Parmesan. Sie sollten ihn nicht reiben, Sie sollten ihn essen, aber essen Sie ihn, wenn er jung ist – glänzend und feucht. Und Tänzer sind eben gut, wenn sie jung sind.

Selbst Tschaikowsky, der gar kein Tänzer war, sorgte sich um seine vergängliche Jugend. Aber was ihm mehr Sorgen bereitete als graue Haare oder Falten, war die Frage, ob er kräftig und gesund genug bleiben würde, um auch weiterhin zu komponieren. Das Sitzen und Notenschreiben ist physisch sehr erschöpfend, ich weiß das aus persönlicher Erfahrung. Und Tschaikowsky hat ja nicht einfach nur Noten geschrieben. Er weinte über seinen Kompositionen, verbrachte viele schlaflose Nächte. Ein Komponist muß stark sein.

Strawinsky hatte das begriffen, also versuchte er immer, in guter Verfassung zu bleiben und machte besondere Gymnastikübungen. Er war sehr stark, dieser Strawinsky, wenn auch ziemlich klein. Nur wenige Menschen wissen das.

Laroche erinnert sich, warum Tschaikowsky sich dem Ballett zuwandte: der Komponist wollte sich selbst in einem fantastischen musikalischen Drama auf die Probe stellen. Er wollte wegkommen von den durch Realismus bedingten Beschränkungen einer Oper, wie Laroche es ausdrückte, und in „das Königreich der Träume, der Launen und des Wunderbaren" gelangen. Laroche fuhr fort: „In jener Welt des Magischen war kein Raum für Worte, hier war das reine Märchenland, das sich in Pantomime und Tanz ausdrückte." Er unterstrich: „Tschaikowsky konnte Realismus im Ballett nicht ausstehen."

Ich verstehe gar nicht, was damit gemeint ist – Realismus im Ballett. Die Handlung? Tschaikowsky war doch ein vernünftiger Mensch und hatte folglich kein ernstzunehmendes Interesse an der Handlung im Ballett. Wie könnte man auch die Handlung von *Schwanensee* ernst nehmen? Man hat ein deutsches Märchen zu einem Ballett umgearbeitet: ein böser Mann, Rotbart, verzaubert Mädchen und verwandelt sie in Schwäne. Ein junger Prinz soll heiraten, er verliebt sich in einen Mädchen-Schwan, und natürlich bedeutet das nichts Gutes. Das ist doch Blödsinn! Ich erinnere mich, wie *Schwanensee* am Mariinski Theater aufgeführt wurde – *kein Mensch hat auch nur das kleinste bißchen verstanden!* Das Ballett dauerte den ganzen Abend, die Hälfte war Pantomime: es wurde mit den Händen gesprochen. Wir Tänzer haben natürlich alles verstanden, wir haben ja gelernt, wie man mit den Händen ausdrückt: „Von dort wird ein Mann kommen, der…" Und so fort. Das ist alles von der Gebärdensprache der Taubstummen abgeleitet, von ihrem Vokabular. Tänzer bedienen sich vieler ihrer Zeichen: für Haus, Geld und ähnliche Begriffe. In der Ballettschule in Petersburg wurde der Pantomime-Unterricht *mimika* genannt. Wir hatten zweimal in der

135

Woche *mimika* – zusammen mit Schminkunterricht. Es ist eine Wissenschaft für sich. Ich weiß von einigen Ballettomanen in Petersburg, die besondere Kurse besuchten, um zu verstehen, was auf der Bühne vor sich ging.

Fokin erzählte mir, wie der große Lew Iwanow die *Zauberflöte* machte. Darin gibt es viele pantomimische Szenen. Iwanow konnte den Satz „Ruft den Richter herbei" nicht umsetzen. „Ruft" und „herbei" waren einfach. Aber wie sollte man das Wort „Richter" mit einer Geste ausdrükken? Er entschied sich dann dafür, mit den Händen Waagschalen zu formen, wegen der „Waage der Gerechtigkeit"! Das ist doch lächerlich! Wenn man das heute allen Ernstes auf die Bühne bringt, fängt das Publikum an zu lachen und ist gelangweilt. Das alles ist heute für das Publikum völlig unverständlich. Und wer braucht das schon?

Ich bin nicht dafür, die Pantomime gänzlich abzuschaffen. An unserem Theater gibt es durchaus einige Pantomimen – zum Beispiel in der *Harlequinade*. Aber es muß dabei klar sein, daß die Handlung vor langer Zeit spielt, als alles noch ganz anders war. Porzellan wurde anders hergestellt, die Leute reisten ganz anders – nämlich in Kutschen. Zu unserer Zeit war Pantomime eine nützliche Ausdrucksweise: man benötigte ein Stilmittel, an dem man die Handlung entlangschieben, die Personen so durcheinandermischen konnte, daß alles am Ende zusammenpaßte. Viele Elemente in der Kunst veralten aber irgendwann. Nehmen wir nur als Beispiel das Kino. Ich erinnere mich an den Film *Das Kabinett des Doktor Caligari* aus meiner Jugend; ich fand ihn sehr interessant. Ich habe den Film kürzlich wiedergesehen: unmöglich, vollkommen unverständlich. Noch nie mochte ich Lustspielfilme besonders gern. Ich erinnere mich aber an Max Linder – er war wirklich komisch, ihn konnte ich ertragen. Vor nicht allzu langer Zeit spielte man wieder Max Linder – aber ach, er ist nicht

136

komisch, er ist langweilig. Als ich 1937 zum ersten Mal nach Hollywood kam – ich machte dort einiges für Sam Goldwyn – da fand ich es schön, es hat Spaß gemacht! Wenn man diese Filme heute noch einmal sehen müßte – sie würden wahrscheinlich unsinnig wirken, stupide. Wenn ich heute plötzlich nach Hollywood gerufen würde, wahrscheinlich wäre alles ganz anders, ich müßte alles neu erfinden – vollkommen anders als früher. Western-Filme sind die einzigen, die ich früher schon mochte und heute immer noch mag. Vielleicht, weil es darin nichts Überflüssiges gibt. Einfache Dinge ohne Prätention – die veralten nicht so schnell. Man sieht einen Western und denkt, ah!, da ist *doch* etwas dran...

Im Ballett muß man alles einfach ausdrücken, damit das Publikum versteht, was auf der Bühne passiert. Gleichzeitig muß man sich bewußt sein, daß, was gestern verstanden wurde, heute nicht mehr verständlich ist. Als Petipa *Esmeralda* inszenierte, wußten alle, was *Notre Dame de Paris* war. Man mußte es nicht extra zeigen – alle haben es verstanden. Heute muß man alles zeigen und erklären, und das ist dann kein Ballett mehr. Tschaikowsky sagte immer: „Ein Ballettbesuch wegen der Handlung ist wie ein Opernbesuch wegen der Rezitative."

Tschaikowsky schrieb: „Die Verfahrensweise bei der Komposition einer Ballettmusik ist etwa folgende. Ein Stoff wird ausgesucht, dann entwickelt die Theaterleitung – je nach ihren finanziellen Möglichkeiten – das Libretto, dann listet der Ballettmeister in einem detaillierten Plan alle Szenen und Tänze auf. Dieser detaillierte Plan bezeichnet nicht nur den Rhythmus und den Charakter der Musik, sondern auch die tatsächliche Anzahl der Takte. Erst dann beginnt der Komponist damit, die Musik zu schreiben."

Ja natürlich! Genauso haben wir mit Strawinsky gearbeitet. Wenn ein Komponist ein Ballett schreibt, ist es für ihn wichtiger, die Anzahl der Takte zu kennen, die für eine bestimmte Szene benötigt werden, als die Handlung. Als ich Strawinsky in Kalifornien besuchte, wo er damals lebte, um an seinem *Orpheus* zu arbeiten, setzten wir uns gemeinsam hin und sprachen das ganze Ballett durch. Ich sagte zum Beispiel: „An dieser Stelle brauche ich einen *pas de deux*." Strawinsky fragte dann wohl: „Wie lang?", und ich antwortete: „Eine Minute, oder auch zwei." Da wurde Strawinsky wütend und sagte: „Was soll denn das? Ich muß es genau wissen. Wenn es eine Minute ist, ist es die eine Art von Musik. Bei zwei Minuten muß es etwas vollkommen anderes sein. Und dann soll es womöglich eine Minute und dreißig Sekunden werden?" *Orpheus* war meine Idee gewesen, meine und die von Lincoln Kirstein. Natürlich war es meine Aufgabe als echter Profi, Strawinsky präzise Angaben zu machen. Sonst kann ein Komponist nicht arbeiten. Jetzt streiten sich die Kritiker darüber, ob Tschaikowskys *Schwanensee* gut oder schlecht ausgehen sollte, die Liebe den Tod oder der Tod die Liebe besiegen soll. Das verstehe ich alles nicht. Das ist lauter dummes Zeug. Und ich bin mir ganz sicher, daß Tschaikowsky sich nicht darum geschert hat. Er hatte eine Vorgabe bekommen: soundsoviel Musik hier, einen Übergang da, dann ein Adagio. Also benutzte er auch bereits fertig komponierte Musik. Zum Beispiel stammt das Adagio in *Schwanensee* – Odette und Siegfried – aus seiner frühen Oper *Undine*. Er vernichtete diese Partitur, übernahm aber das Duett in *Schwanensee*. Tschaikowsky hat nie gute Musik weggeworfen.

Tschaikowsky genoß die Proben zu Schwanensee *sehr, die am Bolschoi Theater begannen. Er schrieb an seinen Bruder: „Wenn Du nur wüßtest, wie lustig es ist, den Ballettmeister* zu *beobachten, wie er* Tänze komponiert *zu den Klängen einer einzigen Violine, die ein eindrucksvolles und höchst inspiriertes Solo spielt. Es machte mich eifersüchtig, die Tänzerinnen zu sehen, die einem imaginären Publikum zulächelten und von der Möglichkeit zu springen und herumzuwirbeln, also ihre ‚heilige Pflicht‘ zu tun, begeistert Gebrauch machten.*" Tschaikowsky *war an der Inszenierung beteiligt; der Bühnenbildner von* Schwanensee *erinnerte sich an des Komponisten besonderes Interesse an der Schlußszene: „Weil Tschaikowsky darauf bestand, machten wir einen regelrechten Wirbelwind – Zweige und Äste brachen von den Bäumen, fielen ins Wasser und wurden hinweggespült. Diese Szene war sehr wirkungsvoll und amüsierte Pjotr Iljitsch.*"

Jedoch schrieb dann Laroche nach der Premiere von Schwanensee *auf der Bühne des Bolschoi im Jahre 1877 folgende Kritik: „Ich kann wohl sagen, daß ich nie zuvor ein so mageres Ballett gesehen habe. Die Kostüme, Kulissen und Bühnenmaschinerie entschädigten nicht für die Mittelmäßigkeit des Tanzes. Ballettfreunde kamen auch nicht fünf Minuten auf ihre Kosten. Ein hoher Genuß für Liebhaber von Rührstücken!*"

*Über die Musik allerdings geriet er heftig ins Schwärmen und schrieb: „*Schwanensee *vermittelt keine Botschaft, aber es enthält eine Unmenge der herrlichsten Musik. Vielleicht ist es die Dürftigkeit der Handlung, die Tschaikowsky derart inspiriert hat.*"

Am Bolschoi hat man *Schwanensee* nicht verstanden, und darum wurde ein Flop daraus. Später wollte man Teile des Balletts vor dem Zaren aufführen, und Tschaikowskys Verleger fragte ihn, welchen Akt er für den musikalisch besten hielte. „Den zweiten", antwortete Tschaikowsky. Nach Tschaikowskys Tod brachte Lew Iwanow den zweiten Akt neu auf die Bühne, und dann tat sich Marius Petipa persönlich mit ihm zusammen, und die beiden inszenierten das ganze Ballett am Mariinski. Es wurde ein großer Erfolg! In Moskau hatte man nicht gewußt, wie man *Schwanensee* inszenieren sollte, man hat Tschaikowskys Musik dort ruiniert, aber die Petersburger wurden ihr gerecht.

Ich habe *Schwanensee* hier angesetzt und versucht, Iwanows wesentliche Ideen zu erhalten. Immerhin bin ich ein Petersburger! Selbstverständlich habe ich ein paar Dinge hinzugefügt, hier und dort etwas geändert, aber grundsätzlich ist alles von ihm, von Iwanow.

Lew Iwanow war, so heißt es, ein extravaganter Mann petersburgischer Prägung. Er trank sehr viel, starb früher als Petipa, obgleich er viel jünger war. Ich habe Iwanow nicht gekannt, aber ich nehme sicher an, daß er ein großartiger Mann war. Ich habe irgendwann auch seine *Zauberflöte* mitgetanzt.

Wir versuchen, *Schwanensee* nicht zu breit anzulegen, damit Tschaikowskys Musik in all ihrer Schönheit erklingen kann. In Rußland und Europa kommt *Schwanensee* nicht von der Stelle, als ob die Tänzer Sorge hätten, etwas zu verschütten. Zum Beispiel der russische Tanz: der soll echt russisches Temperament vermitteln, statt dessen schlafen auf der Bühne ein paar Damen im Stehen ein. Das ist verkehrt.

Als Tschaikowskys Ballett Dornröschen *1890 in St. Petersburg in der Inszenierung von Marius Petipa aufgeführt wurde, betete die Öffentlichkeit das Werk an; man erzählt sich, daß sich die Petersburger damals auf der Straße nicht mit „Hallo" begrüßten, sondern mit „Hast du schon Dornröschen gesehen?". Die Presse hat Tschaikowsky wie immer auf den Arm genommen: „Seine Musik könnte man taktlos nennen", schrieb eine Zeitung und spielte mit dem russischen*

Wort takt, *das – wie im Deutschen – sowohl Feingefühl wie Taktschlag bedeutet. Der Reporter der* Petersburgskaja Gaseta *fuhr fort: „Hier handelt es sich um ein Märchen für Kinder und kleine alte Leute, die schon in ihre zweite Kindheit verfallen sind... Aber es ist nach unserem Verständnis kein Ballett! Im Publikum wurde die Musik entweder als ‚Symphonie‘ oder als ‚Melancholie‘ interpretiert." Kritiker schrieben, daß* Dornröschen *eine alberne Mischung aus Russisch und Französisch sei.*

Die Leute haben vergessen, daß das klassische Ballett keine russische Kunst ist, sondern tatsächlich aus Frankreich oder Italien kommt. Ebenso wie das Fechten zum Beispiel. Ja sicher, es mag russische Fechtmeister geben, aber das hat nichts zu bedeuten. Sehen Sie sich doch nur an, wie Tänzerinnen gekleidet sind – all das kam aus Frankreich und Italien. Und unsere Arbeitssprache ist Französisch. Es stimmt, daß Russen diese Kunst besonders gut erlernten, aber das kam daher, daß der Zar enorme Summen für das Ballett ausgab und die besten Lehrer aus Europa importierte. Ich bin aber nicht der Meinung, daß Ballett etwas spezifisch Russisches ist.

Sicher gibt es Ballette, wie *Das kleine bucklige Pferdchen*, wo die Geschichte russisch ist, die Tänzer und Tänzerinnen in russischen Kostümen auftreten und russische Tänze tanzen. Auch in anderen Balletten gibt es russische Tänze. Wenn aber – sagen wir einmal – ein georgisches Ensemble aus Rußland zu uns herüberkommt, dann tanzen sie georgische Tänze, keine russischen. Ukrainer bringen ukrainische Tänze. Aber darum sagen wir ja nicht, tanzen sei eine ukrainische oder georgische Kunstform. Dasselbe gilt für das klassische Ballett; es blühte in Rußland, weil es unter dem Schutz des Zaren und des Hofes stand, aber das heißt eben nicht, daß klassisches Ballett eine russische Kunst sei.

Besonders jetzt nicht, wo man in Rußland das reine Ballett fürchtet.

Einfach nur tanzen, ohne Handlung, das wird heutzutage in Rußland nicht gutgeheißen; man hat das dort mit dem seltsamen Ausdruck „Formalismus" bezeichnet. Als unser Ballett 1962 nach Rußland reiste, habe ich gesehen, daß man dort Angst hatte vor dem, was wir machten. Reporter kamen zu mir und fragten mich: „Warum zeigen Sie so etwas? Das können Sie doch nicht machen! Ballett ist nicht einfach nur tanzen! Es muß doch eine Handlung haben!" Die Menschen dort brauchten eine Handlung. Ohne Handlung, dachten sie, tauge es nichts. „Es muß doch einen dramaturgischen Bezug, einen Höhepunkt geben!" Was für einen Bezug? Was für einen Höhepunkt haben wir denn in *Schwanensee*? Nun ja, ein Prinz kommt heraus mit einer Feder am Hut, das ist dann der dramaturgische Knackpunkt.

Die Leute sagen: „Wir haben nichts gegen *Schwanensee* – das ist ein Klassiker." Man kann in *Schwanensee* keine russischen *muschiks* [Bauern] auf die Bühne bringen oder die Revolution darstellen. Aber die neuen Ballette in Rußland haben alle einen dramaturgischen Bezug. Es gibt sogar ein Ballett über die Chinesen: Da lebt ein reicher Chinese, ein schrecklicher Mann, und der beutet andere Chinesen aus, die arm sind. Russische Matrosen kommen und retten die unterdrückten Chinesen. Und plötzlich brechen sie in Tanz aus! Der Komponist Glière schrieb alptraumhafte Musik zu diesem Ballett. Seine Russen tanzen zu dem Lied „Kleiner Apfel". Er hat dieses Lied gestohlen, das gab es schon vor seiner Zeit. Das sind Klänge aus Odessa. Wir hatten einmal Sänger aus Odessa in Petersburg zu Gast. Ich erinnere mich besonders an einen, der hieß Michail Sawojarow; er sang interessante Lieder aus Odessa: „Aljoscha, scha, nimm's einen Halbton tiefer, scha…" Oder

„Bubliki": „Und in der Regennacht, hab Erbarmen, mit mir armem Armen, hab Erbarmen..." Und der berühmte „Apfel" war auch aus Odessa. Das Lied war gleich nach der Revolution sehr populär, wir alle haben es gesungen: „Heh, kleiner Apfel, wo rollst du hin? Wenn du in die Tscheka rollst, kommst du nicht mehr raus!" Die Tscheka, das sowjetische Gefängnis! Und Glière hat daraus einen revolutionären Tanz gemacht.

Fjodor Lopuchow, der als einer der bedeutendsten Experten für das choreographische Werk Petipas gilt, schrieb, daß „bei einem Vergleich zwischen Schwanensee *und* Dornröschen *häufig geteilte Meinungen bestehen – und zwar darüber, welchem dieser choreographischen Meisterwerke der erste Preis gebührt. Ich persönlich bin für* Dornröschen", *entschied Lopuchow.*

Ich bin vollkommen seiner Meinung. *Dornröschen* kommt vor *Schwanensee.* Das Libretto von *Dornröschen* ist für das Ballett perfekt, es wude von Petipa selbst gemeinsam mit Wsewoloschki, dem Direktor des Kaiserlichen Theaters, verfaßt. Wsewoloschki wollte wie ein Franzose aussehen, er war ein eleganter Herr, sammelte Porzellan und andere Kunstgegenstände. Wsewoloschki war sehr gut zu Tschaikowsky. Er setzte bei Zar Alexander III. durch, daß dieser Tschaikowsky eine lebenslange Pension von jährlich dreitausend Rubeln gewährte. Als Vorlage für das Ballett *Dornröschen* wählte Wsewoloschki ein französisches Märchen von Perrault: Die böse Fee Carabosse versetzt Prinzessin Aurora in einen tiefen Schlaf, und Prinz Désiré bringt sie – mit Hilfe einer anderen Fee, der guten – ins Leben zurück. Alles endet mit einer Hochzeit.

Die Handlung von *Dornröschen* ist bei genauem Hinsehen auch nicht sehr bedeutend – es sind Petipas Tänze, die das Ballett tragen. Lopuchow hat hundertprozentig recht: *Dornröschen* ist ein Diamant. Lopuchow war ein weiser Mann, er war der erste, der mit einer „Tanz-Sinfonie" herauskam. Ich habe von ihm gelernt. Lopuchow nahm Beethovens 4. Sinfonie und choreographierte dazu das Ballett *The Grandeur of the Universe*. Lopuchow sagte, man könne sinfonischer Musik nicht eine alberne Handlung unterlegen, das würde nicht funktionieren. Es hat bei Isadora Duncan auch nicht funktioniert. Selbst Fokin hatte nicht seine größten Erfolge, als er Rimski-Korsakows *Schéhérazade* und Liszts *Préludes* choreographierte. Man muß beim sinfonischen Tanz ohne Handlung auskommen, ohne Bühnenbild und prächtige Kostüme. Der Körper ist das Hauptinstrument des Tänzers oder der Tänzerin, und der muß sichtbar sein. Die fehlenden Kulissen müssen durch interessante Lichteffekte ersetzt werden. Lopuchow pflegte zu sagen: „Auf zu Petipa!" Das bedeutet, daß der Tanz alles allein ausdrücken muß – nur mit Unterstützung der Musik. Das war das Wesen auch von Lopuchows heute weltberühmter „Tanz-Sinfonie". Wir alle haben darin mitgewirkt, Lopuchow hat sie mit uns kreiert. Wir waren alle jung und fröhlich. Die Alten wollten nicht in Lopuchows Produktion mitmachen. Keiner wollte das! Also sind wir zu ihm gegangen. Er war sehr angetan. Lopuchow war ein guter Musiker. Er spielte sehr gut Gitarre. Seine Schwester, eine Ballerina, heiratete John Maynard Keynes, den britischen Volkswirtschaftler.

Der Kritiker Wolinski attackierte uns alle, weil wir ihm, dem großen Ballett-Papst, in die Quere kamen. Lopuchow war der Kopf der Ballett-Truppe am Mariinski Theater, und Wolinski wollte ihn vom Thron stürzen. Wolinski nahm mich unter Beschuß und attackierte Lopuchow wegen *Grandeur of the Universe*. Die Arbeit ist besonders schwierig, wenn man niemanden hat, mit dem man die Sachen

Abb. 1 „Für mich ist Tschaikowsky ein Petersburger Komponist, absolut petersburgisch." – Solomon Volkov im Gespräch mit George Balanchine, 1981.

Abb. 2 Nadeshda von Meck

Abb. 3 „Die von Meck war eine reiche Frau, und natürlich liebte sie
Tschaikowsky. Sie liebte ihn als Komponisten und – vermutlich – auch
als einen Mann, den sie gut aus seinen Briefen kannte. Sie unterstützte
ihn in einer schwierigen Zeit seines Lebens. Das war nett von ihr."
(Photo von Tschaikowsky um 1860)

Abb. 4 Das Petersburger Mariinski Theater

Abb. 6 Marius Petipa, Lithographie von 1872
„Petipa war ein Zauberer, er war der erste Ballettmeister, der erkannte, daß Pjotr Iljitsch Tschaikowsky ein Genie war. Das war gar nicht so einfach: Der Komponist lebte noch, das Publikum mochte ihn nicht, die Kritiker mochten ihn auch nicht."

Abb. 5 Der Newski-Prospekt
„Es ist ein Vergnügen, in St. Petersburg herumzuspazieren, auch wenn man überhaupt kein Geld hat. Tschaikowsky hat einst gesagt, selbst wenn die Dinge schlecht standen, alle seine Rubel ausgegeben waren, er Liebeskummer hatte – und ihm zum Heulen war! –, wenn er dann den Newski-Prospekt auf- und abging, dann fühlte sich seine Seele wieder gut. Der reinste Mozart!"

Abb. 7 Dornröschen am Mariinski Theater im Jahre 1890

„Meinen ersten Auftritt auf einer Bühne hatte ich in einem Ballett von Tschaikowsky, in *Dornröschen*... Ich war Cupido, ein winzigkleiner Cupido.“

Abb. 8 Der Nußknacker am Mariinski Theater

Abb. 9 Balanchines Abschlußklasse an der Ballettschule des Mariinski Theaters (Balanchine 2. v. r.).

„Dann wurde ich in die Ballettschule gesteckt; deren vollständiger Name war Kaiserliche Petersburger Bühnenschule. Ich wohnte und lernte dort, ohne Vater und Mutter zu sehen. Wir hatten alles frei – also Unterkunft, Verpflegung und Unterricht wurden vom Schatzamt des Zaren getragen. Außerdem hatten wir unser eigenes kleines Theater dort und eine Kapelle und eine Krankenstation. Es war gut, daß unser Zar Kunst und Musik als wichtig erachtete. Das war zaristische Tradition und förderte Tschaikowsky und andere große russische Musiker ebenso wie das Ballett."

Abb. 10 „Ich habe als Kind im Nußknacker am Mariinski Theater mitgetanzt."

Abb. 12 1917 – Revolution in St. Petersburg

„Es gab auch an unserem Mariinski Theater Veränderungen. Das alte Publikum floh ins Ausland oder mußte sich verstecken. Unsere neuen Zuschauer waren an klassischem Ballett nicht sonderlich interessiert. Jetzt kamen Soldaten und Matrosen in unsere Vorstellungen. Die rauchten dann im Zuschauerraum, futterten Sonnenblumenkerne und schlugen den Takt der Musik mit ihren schweren Stiefeln auf den Boden... Das Komitee der Bühnenhandwerker entschied, welche Ballette auf den Spielplan kamen – und entschied sich meistens für diejenigen mit der einfachsten Kulisse."

Abb. 11 *Schwanensee* am Mariinski Theater

„Ich erinnere mich, wie *Schwanensee* am Mariinski Theater aufgeführt wurde – kein Mensch hat auch nur das kleinste bißchen verstanden!"

Abb. 13   Sergej Rachmaninoff (Porträt von Konstantin Somow 1925)
„Nach dem Konzert besuchten wir Rachmaninoff in der Kantine...
‚Ob Sie uns wohl erlauben würden... etwas aus dieser Musik zu
machen... etwas zum Tanzen...' Rachmaninoff fing an zu brüllen:
‚Sind Sie wahnsinnig? Wo denken Sie hin! Nach meiner Musik tanzen?
Wie können Sie es nur wagen! Raus! Raus hier!' Wir baten um
Vergebung, verbeugten uns und machten, daß wir wegkamen."

Abb. 14
Igor Strawinsky
und George Ba-
lanchine
„Tschaikowsky
und Strawinsky
sind zwei Kom-
ponisten, die
große Musik
geschrieben
haben, beson-
ders für uns
Tänzer."

Abb. 15 Was-
law Nijinsky
„Nijinsky war
natürlich über-
ragend. Er flog
buchstäblich
durch die Luft –
kraftvoll, nicht
wie ein Engel,
sondern wie wir
Ballettleute
fliegen."

Abb. 16   Peter Martins,
New York City Ballet, 1980

Abb. 17   Serge Lifar, Ballet
Russe, Paris 1928
„Auch in Strawinskys Ballett
Apollon Musagète höre ich
Tschaikowsky durch. Im Pro-
log klingen die Streicher ganz
typisch für Tschaikowsky, und
dasselbe gilt auch für andere
Stellen. Ich denke mir, daß
Strawinsky an Tschaikowskys
Dornröschen gedacht hat, als er
seinen *Apollon* schrieb."

Abb. 18 Maria Tallchief und Nicolas Magallanes in *Orpheus* von Igor
Strawinsky, New York 1948
Balanchine und Strawinsky im Gespräch über *Orpheus:* „Ich sagte zum
Beispiel: ‚An dieser Stelle brauche ich einen *pas de deux.*‘ Strawinsky
fragte: ‚Wie lang?‘, und ich antwortete: ‚Eine Minute, oder auch zwei.‘
Da wurde Strawinsky wütend: ‚Was soll denn das? Ich muß es genau
wissen. Wenn es eine Minute ist, ist es die eine Art von Musik. Bei zwei
Minuten muß es etwas vollkommen anderes sein. Und dann soll es wo-
möglich eine Minute und dreißig Sekunden werden?‘“

Abb. 19 Der verlorene Sohn von Sergej Prokofjew, 1929
„Ich habe sein Ballett *Der verlorene Sohn* für Diaghilew gemacht...
Prokofjew stellte sich sein Ballett wohl so ähnlich vor wie eine *Rigoletto*-
Inszenierung. Da muß er ja von meiner Choreographie entsetzt gewesen
sein. Er haßte, was ich seiner Musik angetan hatte. Und natürlich schrie
Diaghilew Prokofjew an, er sei ein absoluter Ignorant, der überhaupt
nichts von Ballett verstehe. Und Prokofjew mußte klein beigeben, denn
Diaghilew hatte die Verantwortung für die Aufführung.“

Abb. 20 Die vier Temperamente von Paul Hindemith

Abb. 21 Suzanne Farrell, New York City Ballet
„Unsere Tänzerinnen arbeiten sauber, und das ist sehr schwierig...
Eine Ballerina kann hart arbeiten und es dennoch nicht schaffen. Diese
Exaktheit der Ausführung – wie die Farrell und Kyra Nichols sie
besitzen – ist gottgegeben.“

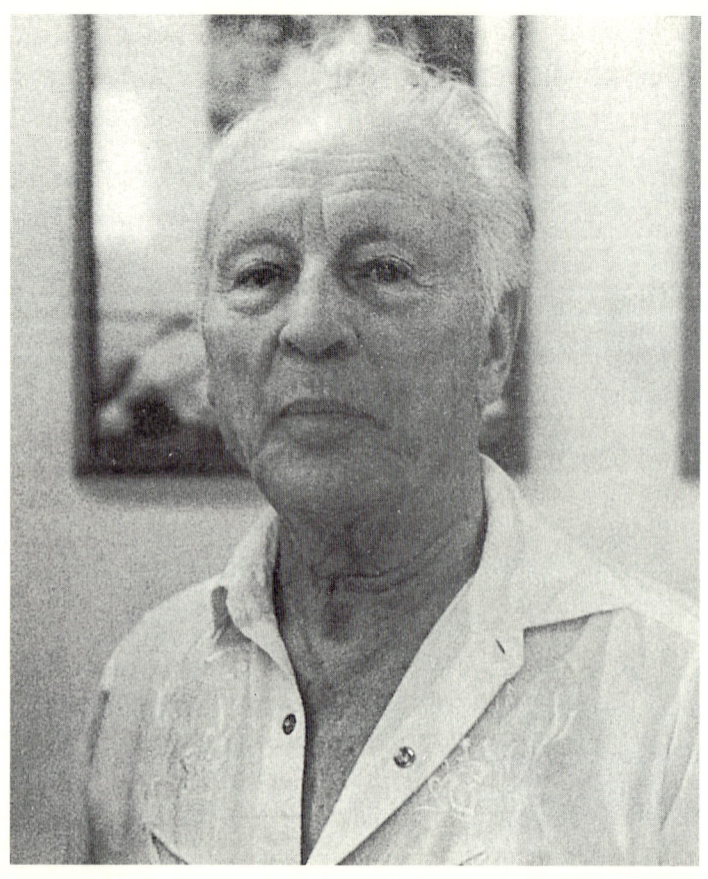

Abb. 22. George Balanchine
„Häufig werde ich gefragt: ‚Was für eine Nationalität haben Sie – die russische oder die georgische?‘ Und manchmal denke ich dann, mein Blut ist georgisch, meine Kultur ist russisch, meine Nationalität ist petersburgisch."

durchsprechen kann. Kürzlich erst habe ich erfahren, wie Mischa Michailow meine frühe Arbeit *Valse Triste* zur Musik von Sibelius beschrieben hat. Er hat sie korrekt beschrieben. Ich habe das speziell für Lida Iwanowa choreographiert. Ich erinnere mich, daß mir die Art, wie Lida das getanzt hat, sehr gefiel. Und dann fangen die Zweifel an – vielleicht scheint es nur auf den ersten Blick geglückt. Vielleicht ist es doch nicht gut? Mit wem könnte man denn einmal darüber sprechen?

Nun, was Tschaikowsky betrifft, er besprach sich häufig mit Laroche. Als der junge Tschaikowsky für seine Examens-Komposition am Konservatorium heftig kritisiert wurde, schrieb Laroche ihm einen Brief: „Sie sind ein großes Talent, eine Hoffnung der russischen Musik." Es mag komisch klingen, wenn ein junger Mann dem anderen sagt, er sei ein großes Genie, aber es ist eine enorme Ermutigung, wenn Selbstzweifel einen quälen und niemand, aber auch niemand helfen will! Und Tschaikowsky blieb übrigens nicht in der Schuld seines Freundes. Er überzeugte Laroche, daß er Kritiker werden müsse. Und als Laroche zu faul war, schrieb Tschaikowsky seine Artikel für ihn nieder, wie er sie ihm diktierte! Auf diese Weise half er Laroche, ein berühmter russischer Musikkritiker zu werden.

Natürlich hatten wir clevere Leute in Petersburg – zum Beispiel Wolodja Dmitriew, ein Künstler, mit dem ich Tollers Schauspiel *Hinkemann* an der Theaterakademie für Schauspiel [das frühere Alexandrinski Theater] gemacht hatte. Dmitriew wollte Schauspieler werden und studierte bei dem großen Wsewolod Meyerhold persönlich. Heute wird vielfach vergessen, daß Meyerhold schon vor der Revolution berühmt war; er arbeitete an den Kaiserlichen Theatern und führte bei den Opern am Mariinski Regie. Ich wirkte in seiner Inszenierung von Glucks *Orpheus* mit. Den

Ballettpart machte Fokin. Die Idee war, daß das Publikum nicht erkennen sollte, was auf der Bühne das Corps de ballet und was der Opernchor war; das eine sollte sich mit dem anderen mischen. Das war sehr interessant, die Produktion wurde sehr gut aufgenommen. Später nahm ich an Proben zu Strawinskys Oper *Die Nachtigall* (nach Hans Chr. Andersens Märchen „Die chinesische Nachtigall") teil, die Meyerhold gerade am Mariinski Theater vorbereitete. Das war auch sehr bemerkenswert. Genau das Gegenteil von *Orpheus*. In *Orpheus* hatte man den Eindruck, daß alle Mitwirkenden tanzten und sangen, während die Solisten in *Die Nachtigall* Noten hatten und beim Singen auf einer Bank saßen, während sich um sie herum eine höchst lebendige Pantomime entfaltete. Niemand bemerkte Meyerholds Neuerungen in *Die Nachtigall*, weil inzwischen niemand mehr Zeit für das Theater hatte: es war kurz nach der bolschewistischen Revolution, es gab nichts zu essen. Ich aber lernte dabei die Musik gründlich kennen und konnte dann später, als Diaghilew mich bat, Strawinskys Ballett *Le Chant du rossignol* (Das Lied der Nachtigall) zu choreographieren, dieses in sehr kurzer Zeit schaffen.

Dmitriew war hager wie ich. Sein Vater war ein hohes Tier bei den Sowjets, und also war Meyerhold, der uns alle immer anbrüllte, bei Dmitriew vorsichtig und stellte ihn sogar als Bühnenbildner ein. In einem Stück ließ Dmitriew einen Konzertflügel über der Bühne schweben. Kein Mensch wußte, warum er dort war, aber Meyerhold gefiel es.

Ein anderer Künstler, an den ich mich erinnere, ist Jakulow – er wurde auch Georges genannt. Dmitriew war ein sehr verschlossener und schweigsamer Mann. Jakulow hingegen war ein Angeber, der gerne feierte. Er trank sehr viel, rauchte sehr viel, liebte die Frauen. Dmitriew – so sagt man – wurde unter Stalin als Bühnenbildner berühmt.

Jakulow starb jung, und er ist schon vollkommen vergessen, aber er war ein wunderbarer Künstler. Er choreographierte Prokofjews Stahlballett zum Lobe der russischen Industrie *Le pas d'acier* für Diaghilew, und *tout Paris* war aus dem Häuschen, weil eine rote Fahne auf der Bühne geschwenkt wurde. Eine Unterhaltung mit Jakulow war immer interessant.

Der Künstler Boris Erbstein und der Kritiker Juri Slonimski halfen uns auch. Slonimski nahm sogar bei mir Privatstunden, um Ballett besser verstehen zu können. Und da war noch ein intelligenter Mensch, mit dem wir uns beraten konnten, das war Iwan Sollertinski. Er war sowohl an Musik als auch an Ballett interessiert. Sollertinski war ein temperamentvoller Orator. Er bemühte sich, so viele Wörter wie möglich in kürzester Zeit zu sprechen; er keuchte, stotterte und lispelte gleichzeitig, und alles, was man hörte war „psch-psch-psch". Es war faszinierend, ihm zuzuhören.

Sollertinski versuchte nie, jemanden zu überzeugen – er vertrat einfach nur seinen Standpunkt. Und es war ohne die geringste Bedeutung, ob man mit ihm einer Meinung war oder nicht. Sollertinski liebte Lopuchows „Tanz-Sinfonie". Er liebte auch meine Ideen über das Ballett. Er sprach etwa zwanzig Sprachen, glaube ich. Einmal zeigte mir Sollertinski sein Arbeitsbuch: alle Eintragungen waren in alt-portugiesisch, so daß niemand sie lesen konnte.

Das waren große Geister, und unsere Unterhaltungen dauerten meistens die ganze Nacht bis zum frühen Morgen. Wir diskutierten über viele interessante Ideen, aber was ist daraus geworden? Wir hatten kein Geld, keine Zeit – wir hatten nichts. Und das ist daraus geworden – gar nichts. Nun – vielleicht doch.

Wir nannten uns das Junge Ballett. Zu der Zeit habe ich einen großen *pas de deux* für Schura Danilowa nach Musik aus *Dornröschen* gemacht. Den habe ich dann auch mit ihr getanzt. Ich hatte diesen *pas de deux* schon früher, als ich noch auf die Schule ging, kreiert. Und das kam so: Ich hatte mir die alte Partitur von *Dornröschen* im Mariinski angeschaut. Die einzelnen Nummern sind nicht entsprechend der Handlung fortlaufend bezeichnet, sondern es ist einfach nur ein riesiger Haufen Musik. Und ich blätterte so durch und sah plötzlich, daß das Violinsolo im zweiten Akt absolut genial war! Unglaubliche Musik vom Anfang bis zum Schluß! Und lang – fünf oder sieben Minuten, glaube ich. Tschaikowsky komponierte das Solo für Leopold Auer, den berühmten Geiger, Solist am Kaiserlichen Theater; Auer hat später Jascha Heifetz und Nathan Milstein unterrichtet. Aber am Mariinski haben sie diese Musiknummer einfach rausgestrichen, sie ist dort nie gespielt worden. Petipa starb, und niemand außer ihm hat verstanden, warum ein so langes Violinsolo nötig war. Lopuchow sagte immer, es sei Nikolai Sergejew gewesen, Chefregisseur für das Ballett am Mariinski, der den Strich angeordnet hatte, weil es natürlich noch eine andere Zwischenmusik gab, die lang genug war, um das Bühnenbild umzubauen.

Lopuchow hat sich immer mächtig über Sergejew beklagt, fand ihn inkompetent. Ich bin nicht der Meinung, daß Sergejew inkompetent war, er war einfach uninteressant. Wenn ich *Dornröschen* mache, dann ist das Solo natürlich drin. Das ist unglaubliche Musik, die in den Konzertsaal gehört. Ich habe das sogar Nathan Milstein vorgeschlagen.

Dornröschen – das ist sehr viel Musik, ganze Wände voll. Es ist möglich, daß Tschaikowsky nicht vorhatte, das alles zu schreiben, aber Petipa verlangte es von ihm. Er schrieb an Tschaikowsky ungefähr so: Ich brauche Musik für die Coda – lebhaft, sechsundneunzig Takte. Oder: Vogelzwitschern, vierundzwanzig Takte. Oder er verlangte von ihm

„allgemeines Erwachen/Verwandlung zwischen acht und sechzehn Takte", oder einige Variationen. Und Tschaikowsky schrieb, fügte ein, warf hinaus. Tschaikowsky hat einige Nummern nicht einmal instrumentiert, sie sind einfach nur für Klavier geschrieben.

In *Dornröschen* gibt es am Schluß die sogenannte Apotheose zur Musik der Hymne „Vive Henri Quatre". Das ist eine alte, sehr schöne französische Melodie. Vor die Apotheose hatte Tschaikowsky eine Mazurka gesetzt, weil Petipa ihn um eine Musik mit großem Schwung gebeten hatte, zu der alle Tänzer hohe Sprünge machen könnten. Dann verlangte Petipa, Tschaikowsky solle noch einen Galopp schreiben. Aber der Galopp gelang nicht so gut, und darum hat man ihn am Mariinski Theater auch nicht mit hineingenommen. Man hat einfach einen musikalischen Sprung gemacht, direkt von der Mazurka zur Apotheose. Als Diaghilew 1921 *Dornröschen* in London produzierte, beauftragte er Strawinsky, einige Nummern zu instrumentieren. Und er nahm diesen Galopp wieder mit hinein. Aber es ist besser ohne.

Prinzessin Aurora und Prinz Désiré gelten allgemein als die Hauptrollen in *Dornröschen*, aber tatsächlich erhält die böse Fee Carabosse die meiste Aufmerksamkeit. Der Charaktertänzer Alexander Tschekrygin war am Mariinski Theater brillant in der Rolle. Ich hatte das Vergnügen, ihn aus der Seitenkulisse heraus zu beobachten: Sein Umhang tanzte mit ihm, wie ein Partner. Ich würde gern irgendwann einmal *Dornröschen* ganz aufführen. Ich bin mit Lopuchow der Meinung, daß es das beste der alten Ballette ist, nur *Giselle* ist vielleicht noch besser. Petipa war ein Zauberer. Er war der erste Ballettmeister, der bemerkte, daß Pjotr Iljitsch Tschaikowsky ein Genie war. Und das war gar nicht so leicht: der Komponist lebte noch, das Publikum mochte ihn nicht, die Kritiker mochten ihn auch nicht. Aber Petipa ahnte es, und weil die Musik von *Dornröschen* so üppig und brillant war, fand er es naheliegend, seine Choreographie auf Auswärts-Bewegungen aufzubauen. Es ist gar nicht so einfach, seinen eigenen Zugang zu Tschaikowsky zu finden. Petipa hat „den Tschaikowsky-Stil" im Ballett geschaffen.

Niemand weiß heute noch, wie man *Dornröschen* richtig aufführen soll. In der ganzen Welt wird es von Ballett-Compagnien ganz schrecklich aufgeführt, weil man es überhaupt nicht versteht. In Rußland, am Mariinski Theater, ist es ausgezeichnet gemacht worden. Der Vorhang ging auf, und auf der Bühne waren sehr viele Leute, prächtig gekleidet in Kostümen von Konstantin Korowin; zu unserer Zeit waren Tänzer sehr gut angezogen, sogar wir Kinder waren wunderhübsch kostümiert. Der Blumenwalzer wurde von zweiunddreißig Paaren begonnen, dann sollten – wie Petipa es konzipiert hatte – sechzehn Kinderpaare dazukommen. Die Männer stellten sich auf und bildeten Gassen, wir Kinder tanzten innerhalb dieser sich bewegenden Gassen, während die Tänzer Girlanden aus Blumen über uns hielten. Dann verließen die Männer die Bühne. Sie trugen die Girlanden fort, die Damen folgten, und nach den Damen kamen wir Kinder mit Körben in den Händen. Das Publikum raste.

Als man die Premiere von *Dornröschen* am Mariinski vorbereite, wurden allein fünfzigtausend Rubel nur für die Kostüme ausgegeben – eine enorme Summe! Und was es für Effekte und magische Tricks gab! Es war eine große Feen-Zauberei. *Dornröschen* muß ein außergewöhnliches Spektakulum sein. Viel hängt in solchen Fällen von der Theaterleitung ab. In Rußland, wenn ich dort etwas zu sagen hätte, dort könnte ich es sehr gut machen, dort würde man nicht knausern. Aber hier, hier wird Tschaikowsky nicht verstanden! Und die Musik ist doch so edel! Aber das kümmert hier keinen Menschen. Weil man hier nichts weiß über französische oder deutsche Märchen oder russische Musik. Ganz gleich, wie schlecht man es auch inszeniert, es ist gut genug für das hiesige Publikum. Und auch wenn man es besser macht, merken die Leute nicht einmal, daß es besser ist…

Petipas *Dornröschen* war einfach genial. Und natürlich, wenn ich *Dornröschen* mache, wird es nicht nur eine Wiederholung dessen sein, was Petipa gemacht hat. Ich werde schon einen irgendwie anders gearteten Zugang wählen, meine eigenen Ideen entwickeln. Ich werde prüfen, welche von Petipas Tänzen in die heutige Zeit passen und welche nicht. Folglich muß ich wohl einiges hinzufügen, einiges herausstreichen. Ballett ist ja schließlich kein Museum, wo ein Gemälde hundert oder zweihundert Jahre hängen kann. Und selbst ein Gemälde muß von Zeit zu Zeit einmal entstaubt werden. Wenn es reißt, wird es restauriert. Und jedes Museum hat auch Räume, wo die Menschen nicht verweilen, sie stecken nur den Kopf hinein und sagen: „Ach, hier ist es langweilig, komm, laß uns weitergehen." So kann das Ballett nicht überleben. Wenn sich die Leute im Ballett langweilen, dann werden sie bald keine Eintrittskarten mehr kaufen. Und dann würden bald die Theater insgesamt verschwinden.

X

Der Nußknacker

Für eine ganze Reihe von Menschen ist *Der Nußknacker* ein Synonym für Tschaikowsky schlechthin; sie meinen aber nicht das ganze Ballett, sondern nur die Suite. Selbstverständlich muß aber das ganze Ballett so gehört und gesehen werden, wie Tschaikowsky es sich vorgestellt hat. *Der Nußknacker* ist Tschaikowskys Meisterwerk. Er sagte voraus, daß er eine Musik schreibe, die alle Menschen zu Tränen rühren werde! Ich habe am Mariinski Theater als Kind im *Nußknacker* mitgetanzt. Die Inszenierung lief unter Lew Iwanows Namen, aber tatsächlich hat Petipa alles gemacht. Petipa ist dann wohl krank geworden oder hat plötzlich Angst bekommen – wer weiß schon so genau, was damals geschehen ist –, und die Inszenierung kam dann unter Iwanows Namen heraus. Dennoch war *Der Nußknacker* Petipas Erfindung, ganz gewiß. Ich tanzte darin mehrere Rollen: den Mäusekönig, den Prinzen, und später machte ich auch Bouffons Tanz mit dem Ring im letzten Akt.

Der Nußknacker ist eine Geschichte von E.T.A. Hoffmann und war in Rußland unglaublich beliebt. Tschaikowsky liebte sie auch. Aber Petipa entwickelte die Handlung nicht aus Hoffmanns Erzählung, er nahm die Variante von Dumas *père*. Später, als die Partitur verlegt wurde, entstand noch das Problem, ob man Dumas' Erben vielleicht noch eine Tantieme zahlen müsse. Aber Tschaikowsky schrieb an den Verleger: Kein Wort über Dumas, das behalten wir für uns. Petipa war Franzose, das französische Märchen war ihm vertrauter. Er hat nie gut Russisch gelernt. Die Leute sagen, wenn Petipa versuchte, Russisch zu sprechen, seien ihm allerhand unbeabsichtigte Obszönitäten unterlaufen. Für das Ballett muß man aber nicht unbedingt Russisch können, die Ballettsprache ist Französisch, und folglich hatten die Tänzer keine Schwierigkeiten, Petipa zu verstehen.

Hermann Laroche schrieb in einer Rezension über Tschaikowskys Ballett: „Man kann gegen Märchen sagen, was man will, es ist nicht zu leugnen, daß wir sie als Kinder liebgewonnen haben und daß sie ein Teil unserer Psyche geworden sind. Man kann auch nicht leugnen, daß Märchen einige der grundlegendsten Weisheiten die Menschheit betreffend enthalten. Und es ist eine Tatsache, daß die sogenannten Kindergeschichten in unseren Augen immer mehr Geschichten für Erwachsene geworden sind, wodurch ihre elementare Bedeutung offenbar wird."

Hoffmanns *Nußknacker* enthält eine ernste Botschaft, verpackt in ein Märchen. Das Mädchen Marie erhält ein Weihnachtsgeschenk, einen hölzernen Nußknacker. In der Nacht erfährt sie, daß der Nußknacker ein verzauberter Prinz ist, dem der Mäusekönig den Krieg erklärt hat. Marie rettet den Nußknacker vor den Mäusen. Der dankbare Nußknacker nimmt sie mit in das Königreich der Spielzeuge und Süßigkeiten und heiratet sie. Natürlich ist bei Hoffmann nicht alles derart simpel – Marie könnte auch alles nur geträumt haben. Eine Menge Ironie und Anspielungen, die nur von Erwachsenen verstanden werden, liegen in der Geschichte. Wenn Hoffmanns *Nußknacker* als Kindergeschichte gedruckt wird, nimmt man eine bereinigte Version. Dumas hat die Handlung auch vereinfacht und sie dadurch französischer gemacht.

Petipa, der kein Deutsch konnte, hat in seinem *Nuß-knacker* alle Namen durcheinandergebracht. Bei Hoffmann findet die Weihnachtsfeier im Hause des Dr. Stahlbaum statt; bei Petipa ist es Direktor Silberhaus. Petipa nennt das Mädchen Clara, während bei Hoffmann der Name von Maries Puppe Clara ist. Bei Hoffmann heißt es Konfeten-burg, Petipa nannte es Konfitürenburg; das finde ich eigent-lich viel schöner. Konfitürenburg ist ein köstliches Wort! Beim ersten Mal kann man es kaum aussprechen. Ich liebe auch das deutsche Wort *Schlaraffenland* – das Land der Faulen, mit Strömen von Milch und Ufern aus Pudding.

Es ist interessant, daß die Version von Dumas *père* sich in Rußland nicht durchsetzen konnte. Dort kennt jeder den Hoffmannschen *Nußknacker*, und niemand kennt den von Dumas. In Rußland wurde Hoffmann sehr geschätzt. Man liebt ihn dort mehr als in Deutschland. Die Deutschen mögen Hoffmann nicht, weil er sie kritisiert hat. Hoffmann hat alle beleidigt, er war ein echter Romantiker. In Rußland hat man ihn sofort auf eine Stufe mit Shakespeare gestellt. Und Puschkin hat seine *Pique Dame* natürlich unter dem Einfluß Hoffmanns geschrieben. In *Pique Dame* ist es nicht ganz klar, ob der Geist der alten Gräfin tatsächlich erscheint oder nicht. Verrät der Geist tatsächlich das Geheimnis der drei Karten? Oder findet das nur im Delirium des verrückt gewordenen Offiziers statt?

Der Künstler Alexandre Benois, der eng mit Diaghilew zusammenarbeitete, spricht über die Zusammenhänge zwi-schen Hoffmann, Puschkin und Tschaikowsky: „Puschkins Pique Dame *ist eine Hoffmanniade im russischen Stil, Tschaikowskys* Pique Dame *ist eine Hoffmanniade im petersburgischen Stil." Und Benois fügt hinzu, daß er Diaghilew mit seiner Begeisterung für Hoffmann angesteckt habe.*

In Strawinskys *Petruschka*, dessen Handlung von Benois mitentwickelt wurde, erinnert auch etwas an Hoffmann. Es kommen darin auch Puppen vor. Und die werden auch lebendig. Strawinsky hat mir gesagt, er liebte Tschaikowskys *Nußknacker* besonders, weil es darin keine Tiefenpsychologie gebe, nur Unterhaltung, leicht zu verstehen, auch ohne viele Worte. Und natürlich war Strawinsky ganz wild vor Begeisterung über Tschaikowskys Instrumentierung dieser Ballettmusik, besonders, wie ich mich erinnere, über den Chinesischen Tanz. Tschaikowsky beginnt mit einem kleinen Orchester, fährt dann mit großem Orchester fort, ohne daß der Klang sich ändert, er bleibt sparsam. Strawinsky sagte, Tschaikowsky müsse dies von Bizet gelernt haben.

Im *Nußknacker* gibt es sehr viel russische Musik, aber auch etliche stilisierte Nummern. Zum Beispiel tanzen die Gäste einen alten deutschen Tanz, den *Großvatertanz*, und die Ouvertüre zu diesem Ballett erinnert an Tschaikowskys geliebten Mozart. Der Marsch ist ebenfalls im sparsamen, leichten Mozart-Stil geschrieben. Alles im *Nußknacker* ist exquisit durchgearbeitet. Das würde ich als Wiener Schule bezeichnen. In Petersburg liebten wir Wiener Kuchen und Torten. *Der Nußknacker* ist wie ein Stück davon.

Der Nußknacker ist ein Ballett über das Weihnachtsfest. Und in Petersburg hatten wir immer fantastische Weihnachten. Wie schön das war! Ich war klein. Für mich war Weihnachten etwas ganz Besonderes. Natürlich, Weihnachten ist nicht Ostern. Zu Ostern läuteten die Kirchenglocken immer festlich-froh die ganze Nacht hindurch! Nichts ist so schön wie Ostern. Zu Weihnachten war Petersburg immer ganz dunkel und irgendwie fremd. Es war nicht so, wie es heute zu Weihnachten ist – alle Leute laufen hastig und keuchend herum, eher wie bei Feueralarm denn wie zu Weihnachten. Früher, im alten Petersburg, lag eine Stille über der Stadt, eine Erwartung: Wer ist geboren? Christ ist geboren!

Nirgendwo habe ich später je wieder solche Weihnachtsfeste erlebt, wie wir sie damals in Petersburg hatten – weder hier in Amerika noch in Frankreich. Das ist ganz schön hart für uns alte Petersburger! Ich habe versucht, die Leute von der Orthodoxen Kirche in New York zu bewegen, Weihnachten etwas ernsthafter, feierlicher zu begehen, besinnlicher. Aber nichts hat sich geändert. Man geht zwar mit den Kerzen in die Kirche, aber dort fängt dann alles an, das Ha-ha-ha und Ho-ho-ho – der ganze russische Klatsch und Tratsch. So sollte es nicht sein.

In Petersburg fand die Christmette in der nahegelegenen Wladimir-Kirche statt. Und natürlich in den großen Kathedralen: Kasan und St. Isaak zum Beispiel. Ein unvergeßlicher und geheimnisvoller Augenblick war es immer, wenn die Kerzen gelöscht wurden, die Kirche in vollkommenes Dunkel getaucht war und der Chor hereinkam. Der Chorgesang war himmlisch! In der orthodoxen Kirche läuft der Gottesdienst wie eine Theateraufführung ab – mit Prozessionen und dem ganzen Pomp. Zuerst kommen die Popen paarweise heraus, sie tragen samtene *kamilawka* auf dem Haupt, die Diakone und die Ministranten in Brokatgewänder gekleidet.

Und schließlich der Metropolit in einem glänzenden Meßgewand.

Am Weihnachtsabend hatten wir nur die Familie bei uns zu Haus: Mutter, Tantchen und die Kinder. Und natürlich einen Weihnachtsbaum. Der Baum roch wunderbar, und die Kerzen dufteten nach Bienenwachs. Der Baum war mit goldenen Papierengeln und Sternen geschmückt, über und über behängt mit Engelshaar und Lametta. Ich liebte die dicken alten Glaskugeln – die zerbrachen wenigstens nicht, wenn sie einmal herunterfielen.

Natürlich erwarteten wir auch Geschenke. Wir waren nicht reich, also bekamen wir Kinder nichts Großes, sondern nur ein paar Kleinigkeiten. Einmal bekam ich eine Armbanduhr, die nicht mehr ging. Ich war vollkommen aus dem Häuschen vor Aufregung: zum einen, weil die Uhr nicht funktionierte, zum anderen, weil sie mir gehörte! Eine eigene Armbanduhr! Ein anderes Mal bekam ich ein „amerikanisches" Spielzeug zum Aufziehen, ein Auto. Man zieht es auf, und es fährt. Das war lustig, ungewöhnlich... und wunderschön.

Einmal hat Tschaikowskys Verleger ihn zu Weihnachten mit einem Geschenk überrascht: er kaufte die kurz zuvor erschienene Gesamtausgabe der Werke von Wolfgang Amadeus Mozart und bat Alexei, Tschaikowskys Diener, die zweiundsiebzig Bände heimlich unter den Weihnachtsbaum zu legen.

Tschaikowsky schrieb an seinen Verleger: „Lieber Freund! Meinen überschwenglichen Dank für das beste, wertvollste und wunderbarste Geschenk, das ich mir je zu wünschen gewagt hätte! Alexei hat alles so gemacht, wie Sie es gesagt haben. Er hat also als Überraschung einen Weihnachtsbaum aufgestellt, und direkt daneben lag mein Gott, mein Idol, mein Ideal, verkörpert durch sein gesamtes, anbetungswürdiges Werk. Ich war glücklich wie ein Kind!"

Tschaikowsky blieb sein ganzes Leben lang ein Kind, er empfand wie ein Kind. Ihm gefiel der in Deutschland entstandene Gedanke, daß der Mensch sich in seiner höchsten Entwicklungsstufe dem Kinde annähert. Tschaikowsky liebte Kinder um ihrer selbst willen, nicht als zukünftige Erwachsene. In Kindern schlummern die größten Fähigkeiten. Diese Anlagen werden häufig nicht entwickelt, sie verkümmern.

Der Nußknacker an unserem Theater ist für Kinder von acht bis achtzig. Das heißt, für Kinder und für Erwachsene, die in ihrem Herzen Kind geblieben sind. Denn wenn ein Erwachsener ein guter Mensch ist, dann hat er sich ein kindliches Herz bewahrt. In jedem Menschen ist der beste und wichtigste Teil das, was aus der Kindheit übriggeblieben ist.

Laroche empfand, daß im Nußknacker *gegenüber* Dornröschen *eine große Entwicklung stattgefunden hatte, denn im* Nußknacker *gab es viel weniger Handlung. Er schrieb: „Im ersten Akt von* Der Nußknacker *passiert sehr wenig, aber das Publikum merkt es nicht: auf der Bühne tanzen Kinder, zanken sich und sind frech, und ihr buntes Treiben ist kunstvoll und amüsant verknüpft mit verhaltener Heiterkeit bei den Erwachsenen."*

Für Kinder im Publikum ist klassischer Tanz immer schwer zu ertragen. Sie sind an Sprechen gewöhnt, sie brauchen eine Geschichte. Im *Nußknacker* allerdings ist alles so klar, daß die Kinder das Stück dennoch lieben. Unser *Nußknacker* ist viel hintergründiger als der in Petersburg; er lehnt sich mehr an Hoffmann an. Herr Droßelmeyer ist in unserer Version eine wichtigere Rolle. Er kommt zu der Gesellschaft, nimmt sich der Kinder an, bleibt aber eine geheimnisvolle Figur. Die Kinder lieben ihn, weil Kinder geheimnisvolle Menschen verehren. Droßelmeyer macht ihnen Zaubertricks vor. Ich hatte es früher auch sehr gerne, wenn wir Besuch bekamen und der Besuch zaubern konnte. An der Ballettschule in Petersburg hatten wir Kinder, die schon richtige Magier waren.

Ich habe den Droßelmeyer in Rußland nie getanzt, aber hier habe ich die Rolle einmal gespielt. Droßelmeyer klettert auf die große Standuhr und zeigt alle möglichen Tricks.

So ist es bei Hoffmann – wie eine Vision, ein Symbol. Droßelmeyer scheint Marie bedeuten zu wollen, daß das, was sie nun zu sehen bekommt, nicht die Wirklichkeit ist, sondern ein Traum. Aber Marie fürchtet sich allemal.

Marie hat einen Bruder, Fritz, ein Streithammel. Ich hatte eine Schwester. Ich war etwas älter, aber wir haben uns nie gestritten. Ich war ein ruhiges Kind, und sie war auch recht friedfertig. Aber als wir im Winter in der Datscha in Finnland wohnten, kam die Dorfjugend und suchte Streit, belegte uns mit Schimpfworten. Dann haben wir sie mit Schneebällen attackiert. Das machte Spaß – einen Ball aus knirschendem Schnee formen und werfen!

Im *Nußknacker* spielen Fritz und Marie mit den Kindern, die zu ihrem Fest eingeladen sind. Ich bin als Kind nicht viel auf Besuch gegangen. Erstens hatte ich keine Zeit, zweitens war das Besuchemachen in Petersburg ein kompliziertes Ritual. Kinder konnten nicht einfach so vorbeikommen. Erwachsene Männer konnten sich gegenseitig besuchen, trinken und Karten spielen. Bei Kindern war es anders: die Mutter von einem Freund mußte erst vorbeikommen und uns zum Tee oder Essen einladen. Dann konnten wir hingehen.

Natürlich hatte ich Spielkameraden, aber keine besonderen Freunde. Also machten wir auch keine großen Partys bei Namens- oder Geburtstagen. Im Winter wurden wir zu einer besonderen Weihnachtsfeier in der Bolschoi-Festhalle mitgenommen. Viele Petersburger Kinder kamen dorthin. Wir tollten um den Baum herum, spielten *rutschejok* [Bächlein, ein Spiel so ähnlich wie „London Bridge"] und Bockspringen – dies Spiel hieß *slon* [Elefant]. Wir nahmen Anlauf und sprangen, aber wir wollen nicht fallen, weil wir doch fein herausgeputzt waren: Samtanzug, weiße Schleife, Spitzenkragen. Im Sommer spielten wir bei unserer Datscha in Finnland *lapta* [Trudelball].

Der Sohn von Eduard Naprawnik, dem musikalischen Direktor des Mariinski Theaters, hielt seine Erinnerungen fest, wie Tschaikowsky den Nußknacker *komponierte: „Manchmal sagte Tschaikowsky beim Mittagessen, er sei zufrieden mit seiner Arbeit, anderntags beklagte er sich wohl, daß die Arbeit keine Fortschritte mache, daß er vollkommen ‚leergeschrieben‘ sei. Einmal sagte Tschaikowsky sogar, er habe anfänglich wegen der strengen Anforderungen der Ballettmeister, die ihm die Anzahl der Takte für jeden Tanz genau vorgeschrieben haben, Angst gehabt, überhaupt Ballettmusiken zu schreiben. Inzwischen aber, so Tschaikowsky, denke er, daß solche unerbittlichen Parameter das Komponieren für ihn sogar noch interessanter gemacht hätten."*

Genau das pflegte doch Strawinsky immer zu sagen! Die beiden sind sich so ähnlich! Ich weiß, daß Tschaikowsky Petipas Bitten exakt erfüllte, ohne zu murren. Er hatte eben eine professionelle Einstellung zu seiner Arbeit. Als ich den *Nußknacker* in New York machte, brauchte ich eine Zwischenmusik. Da fiel mir plötzlich wieder ein, daß das Violinsolo aus *Dornröschen* dasselbe Thema war, das im *Nußknacker* erklingt, wenn die Kerzen am Weihnachtsbaum brennen. Es ist eine wundervolle Melodie, ein aufwärts steigender, anschwellender Klang, atemberaubend. Tschaikowsky hatte sich entschieden, diese Melodie hier einzusetzen, wenn schon sonst niemand das Solo aus *Dornöschen* spielen wollte, anstatt einen solchen Edelstein zu vergeuden!

So etwas wird im Ballett häufig gemacht. Früher habe ich millionenfach verschiedene Bewegungen erfunden, und heute denke ich manchmal, warum soll das alles untergehen? Warum soll ich mir immer wieder etwas Neues ausdenken, wenn ich noch so viel in Reserve habe? Und was noch hinzukommt: vor dreißig oder vierzig Jahren war ich noch jung, und es ist viel einfacher zu choreographieren, wenn man jünger ist. Damals konnte ich vieles selbst demonstrieren, was ich heute nicht mehr kann, zum Beispiel eine Ballerina heben. Inzwischen greife ich lieber auf einen meiner alten Tricks zurück, und ich denke, ah!, das kann ich in meinem neuen Ballett verwenden. Viele meiner neueren Arbeiten enthalten Elemente, die ich entwickelt habe, als ich achtzehn war. Damals war mir noch nicht klar, was ich mit all diesen Ideen machen sollte, während ich sie heute vernünftig nutzen kann.

So machen es aber alle. Zum Beispiel Tschaikowsky. Sein „Blumenwalzer" aus dem *Nußknacker* ist dem Walzer aus der Oper *Eugen Onegin* sehr ähnlich. Und Tschaikowsky war nicht der einzige, der so arbeitete. Bei Beethoven findet sich eine Baßmelodie aus dem Ballett *Die Geschöpfe des Prometheus* im Schlußsatz der *Eroica* wieder und in Klaviervariationen. Strawinsky hat auch Anleihen bei sich selbst gemacht. Gute Komponisten sehen ihre Arbeiten nicht gerne brachliegen.

Die Kinder lieben im Ballett am meisten den Kampf zwischen dem Nußknacker und den Mäusen. Tschaikowsky hatte Angst vor Mäusen. Ich nicht. Wahrscheinlich habe ich in meinem Leben aber mehr Mäuse auf der Bühne als in Wirklichkeit gesehen. Mäuse sollen angeblich bösartig sein. Hoffmann beschreibt sie als verräterisch und rachsüchtig. Ich halte sie nicht für bösartig, aber sie sind für Menschen ziemlich unangenehm. Als ich in die Ballettschule kam und mein Kopf kahlgeschoren wurde, riefen die anderen Kinder „Ratte" hinter mir her – aber nicht sehr lange. Der russische Dichter Alexander Grin schrieb eine Geschichte mit dem Titel „Der Rattenfänger". Er malte sich aus, wie Petersburg nach der Revolution von Ratten überlaufen wurde. Eine verwüstete, verlassene Stadt, durch die

Scharen von üblen Ratten huschten, die durch Hexerei in winzige Monster verwandelt worden waren. Es stimmt, damals gab es in Petersburg Abertausende von obdachlosen Straßenkindern, die einen überfallen, ausrauben oder sogar töten konnten. Alle Leute fürchteten sich. Ich nicht. Ich war auch jung und ziemlich klein. Viele fürchteten sich, nachts aus dem Haus zu gehen, ich aber nicht.

Wir Tänzer sind viel mutiger als allgemein angenommen. Mir fällt da eine Geschichte ein, die der Petersburger „Hans Dampf" Sollertinski mir erzählt hat. Er war in eine Ballerina verliebt, die in Lopuchows „Tanz-Sinfonie" mit mir zusammen auftrat. Sollertinski und die Ballerina gingen nachts in Petersburg spazieren; sie rezitierte laut ein sehr romantisches Gedicht. Da sahen sie drei Schlägertypen auf sich zukommen, und Sollertinski wollte sich um die nächste Ecke verdrücken, aber die Ballerina lehnte das ab. Sie ging weiter geradeaus, laut rezitierend. Die Straßenräuber wollten ihr die Handtasche entreißen. Sie haute damit einem von ihnen über den Schädel, versetzte einem der anderen einen Tritt, worauf der dritte die Flucht ergriff. Dann nahm sie den schlotternden Sollertinski beim Arm und setzte den Spaziergang fort, laut rezitierend, als ob nichts geschehen sei. Sollertinski gestand traurig, daß er nach diesem Spaziergang nicht mehr verliebt war.

In einer unserer *Nußknacker*-Inszenierungen hatten wir weiße und graue Mäuse. Ich wollte die weißen Mäuse unter dem Weihnachtsbaum herumwuseln lassen – das hätte spannend sein können. Doch wie gewöhnlich hatten wir nicht genügend Zeit, um das gründlich einzustudieren. So wurde das Publikum verwirrt. Die Leute dachten, die weißen Mäuse wären die guten, aber sowohl bei Hoffmann als auch bei Tschaikowsky sind alle Mäuse böse. Also mußte ich die weißen Mäuse wieder abschaffen, um der Verwirrung vorzubeugen. Nach Iwanows Inszenierung gehörte diese Szene zum traditionellen Kern einer *Nuß-knacker*-Aufführung. In Balletten kommen oft Kämpfe und Spielzeugsoldaten vor. Es ist nicht schwer, einen Spielzeugsoldaten darzustellen, wie er strammsteht oder sich bewegt. Spielzeuge sind gute Rollen im Ballett, sehr wirkungsvoll. Und Kinder lieben Kämpfe.

Als ich klein war, hatte ich ein paar Spielzeugsoldaten. Die hatte ich geschenkt bekommen. Andere Kinder sammelten Zinnsoldaten, aber dazu hatte ich keine Lust. In der Schule spielten wir Robin Hood. Und Krieg! Wir erfanden ein besonderes Spiel, aber ohne Säbelrasseln. Wir durften nicht mit Schwertern oder anderen scharfen Gegenständen spielen. Wir hätten uns ja verletzen können. Und verletzt hätten wir nicht auftreten können. Unsere Lehrer wachten streng über uns, nicht weil wir ihnen leid taten, sondern weil sie sich keine Aufführung verderben wollten.

Vieles war uns an der Ballettschule verboten. Wir durften nicht Ski oder Schlittschuh laufen. Wir durften nicht radfahren. Oder Fußball spielen. Das wollten wir auch gar nicht, denn die *Soccer*-Leidenschaft kam erst viel später nach Rußland.

Der erste Akt des *Nußknacker* endet mit dem „Schneeflockenwalzer". Alles ist weiß. Marie geht hinaus in den Schnee und bemerkt nicht, daß ihr ein Schuh fehlt. Den hatte sie nämlich während des Kampfes nach dem Mäusekönig geworfen. Und woher soll sie nun im Wald einen neuen Schuh bekommen?

Tschaikowsky schrieb an den Direktor des Kaiserlichen Theaters: „Der zweite Akt des Nußknacker-Balletts *kann sehr effektvoll inszeniert werden – aber nur mit ausgefeilter Filigranarbeit." Laroche notierte: „An den Schluß des Nuß-knacker haben die Verfasser ein farbenfrohes Vielvölkerfest gestellt (spanische, arabische, chinesische Tänze, den russi-*

schen trepak, *französische Polka und Contre-dance). Um diese verschiedenen Tänze zu schreiben, hat sich Tschaikowsky nicht in musikalische Archäologie gestürzt, nicht in Museen und Bibliotheken geforscht, sondern die Musik geschrieben, nach der ihm zumute war. Und die chinesischen Tänzer zum Beispiel sind sehr gut ohne echt chinesische Klänge ausgekommen. Es war entzückend anzuschauen."*

Natürlich gibt es nichts Chinesisches im *Nußknacker.* Tschaikowsky wollte keinen Kampf zwischen guten und bösen Chinesen zeigen. Sein Chinesischer Tanz ist keine chinesische Musik, sondern eine wundervolle Komposition von Tschaikowsky. Die Idee für all diese Tänze stammte von Petipa. Zum Ballett gehörte damals immer ein *Divertissement,* ein paar variable Tanz-Nummern. Petipa schlug spanische, arabische und russische Tänze vor. Tschaikowsky verwendete für den arabischen Tanz ein georgisches Wiegenlied. Es ist eine georgische Melodie, keine arabische – aber wen kümmert das? Der Tanz ist ein kleines Meisterwerk.

Der zweite Akt im *Nußknacker* ist eher französisch angehaucht als deutsch. Petipa war vernarrt in seine Idee von Konfitürenburg, denn in Paris waren gerade Stücke *en vogue,* in denen diverse Naschereien von Tänzern dargestellt wurden. Und der zweite Akt im *Nußknacker* ist ja auch eine rappelvolle, getanzte Confiserie. In Petersburg gab es tatsächlich so einen Laden, der „Jelisejewski" hieß: riesige Schaufenster, palastartige Räumlichkeiten, hohe Decken, opulente Kronleuchter, ähnlich denen im Mariinski. Die Fußböden des „Jelisejewski" waren mit Sägemehl bestreut, und man konnte keine Schritte hören – man ging wie auf dicken Teppichen. Dieser Laden führte Süßigkeiten und Früchte aus allen Teilen der Welt, wie in *Tausendund-*

eine Nacht. Ich ging oft daran vorbei und sah mir die Schaufenster an. Ich konnte dort nichts kaufen, es war alles viel zu teuer. Ich kann mich aber an den Laden so deutlich erinnern, als sei es gestern gewesen, daß ich mir an den Schaufenstern die Nase plattgedrückt habe.

Alle Rollen im zweiten Akt des *Nußknacker* sind irgendwelche Bonbons oder Schokolade oder etwas anderes Eßbares. Oder ein Spielzeug – wie die Mutter Gigonne mit ihren Polichinellen. Die Zucker-Pflaumen-Fee ist eine Zuckerstange mit Zuckerkrümeln, die Tautropfen sein sollen. Auch der Bouffon ist eine Zuckerstange. Alles ist aus Zucker!

Der Petersburger *Nußknacker* hatte natürlich auch den Prinzen Coqueluche. Coqueluche heißt Keuchhusten. Meiner Meinung nach sollte Prinz Coqueluche eine Lutschpastille oder ein Hustenbonbon sein. Das war nicht genau zu klären, und darum tanzte die Zucker-Pflaumen-Fee in unserer Inszenierung nicht mit Prinz Coqueluche, sondern mit einem Kavalier.

So ist es in Konfitürenburg, dem Land der Süßigkeiten. Die Idee stammte von Hoffmann, aber Petipa erkannte, daß der Stoff ein schönes und interessantes Ballett abgeben könnte. Das Publikum versteht nicht immer, daß alle Darsteller auf der Bühne Spielsachen und Süßigkeiten sein sollen und fragt: Was ist das? Vielleicht ist es unsere Schuld, wenn es nicht klar wird, aber wir haben unser Bestes gegeben. Wir wollten, daß allen Zuschauern das Wasser im Munde zusammenläuft!

Am Schluß des Balletts fahren Marie und der Nußknacker, der nun ein Prinz ist, in einem Rentierschlitten davon. In der Mariinski-Aufführung gab es keine Rentiere. Das ist meine Idee gewesen, und das Publikum ist immer begeistert. Wenn Marie und der Prinz in einem Schlitten mit Känguruhs auf und davon fahren, versteht kein Mensch den

Sinn. Wenn man neue Ideen entwickelt, muß man sich immer an Bilder halten, die schon in den Köpfen der Menschen existieren, auch wenn es alberne Fantasien sind. Immerhin kann man sich von einem Rentier ziehen lassen! Alle Menschen kennen dieses Bild, und das hilft uns dann, die allgemeine Stimmung für diese Szene zu erzeugen. Jedes Detail ist wichtig in einem Ballett wie *Der Nußknacker.* Man muß die Zuschauer allmählich an die einzelnen Bilder heranführen, sonst sagen sie: Was ist denn das? So etwas gibt es doch gar nicht! So benimmt sich doch kein Mensch! Das verstehen wir aber nicht! Man muß das Publikum Schritt für Schritt an die neuen Elemente heranführen, so daß die Zuschauer folgen können.

Ich persönlich glaube, daß der *Nußknacker* auch deshalb so beliebt ist, weil die Menschen von heute gern sehen, wie die Kinder früher gelebt und gespielt haben. Zu meiner Zeit hat man sich nicht dafür interessiert. Niemand hat die Kinder je gefragt, wie sie lebten, was sie dachten. Kinder versuchten ganz einfach, so schnell und so gründlich wie möglich den Erwachsenen gleich zu werden, und das war's dann auch.

XI

Handwerker

Irgendwo habe ich einmal gelesen, Tschaikowsky habe – als er an seiner 6. Sinfonie, der *Pathétique*, saß – Geld gebraucht. Tschaikowsky wandte sich an seinen Verleger und bat ihn um Hilfe. Dieser riet ihm: Schreiben Sie etwas Einfaches für Klavier, etwas für Laien. Und ein paar Lieder, ich werde Sie gut bezahlen. Daraufhin nahm Tschaikowsky sich vor, jeden Tag ein Klavierstück oder ein Lied zu schreiben. Er pflegte dann zu sagen: „Ich muß meine musikalischen Brötchen backen." Innerhalb von zwei Wochen schrieb Tschaikowsky achtzehn Klavierstücke und sechs Lieder. Und dies, nachdem er sich zuerst beklagt hatte, daß ihm das Komponieren schwerfiele. Doch dann kam er in Schwung und arbeitete mit unglaublicher Geschwindigkeit. Und die Stücke waren auch noch gut!

Dann schickte Tschaikowsky seinen Diener mit einem Brief zu dem Verleger: Hier, so schrieb er, hier sind Ihre Stücke und Lieder; bitte zahlen Sie wie vereinbart einhundert Rubel pro Stück. Dem Verleger gefielen sie so gut, daß er sogar einhundertfünfzig für jedes bezahlte! Tschaikowsky scherzte später, wenn er ein Jahr auf dem Lande mit Komponieren zugebracht hätte, wäre er Millionär gewesen!

Tschaikowsky schrieb an Nadeshda von Meck: „Inspiration ist ein Gast, der nicht gern die Faulen besucht. Sie kommt zu denjenigen, die nach ihr verlangen. Ich schreibe entweder aus einer inneren Eingebung heraus, die durch die höhere Macht der Inspiration entsteht, die man nicht beschreiben kann, oder ich arbeite *einfach los und warte auf diese Macht...*"

Tschaikowsky war ein bescheidener Mann, aber er kannte auch seinen Wert – wie es wohl jeder Profi tut. Als sich die Leute in seiner Gegenwart einmal über irgendeinen König unterhielten, sagte er: „In der Musik bin ich der König!" Aber er war immer knapp bei Kasse, mußte seine Miete bezahlen. Darum nahm er die verschiedensten Kompositionsaufträge an. Und hat daraus keine Staatsaffäre gemacht.

Ich habe mir diese Klavierstücke kürzlich einmal angesehen, die Tschaikowsky seine „kleinen Brötchen" genannt hat: ganz viel ausgezeichnete Musik. Ich erkenne, wo er ein bißchen von Schumann und ein bißchen von Beethoven genommen hat; weil er so schnell arbeiten mußte. Und das allein ist schon bemerkenswert. Wir alle arbeiten, weil wir einen Auftrag haben und machen manche Dinge sehr schnell. So habe ich in meinem Leben schon tausend verschiedene Sachen gemacht. Man kann auch dasselbe auf immer verschiedene Art und Weise machen, das kommt auf den Auftrag an. In Petersburg hatte man mich gebeten, Tänze an verschiedenen Theatern einzustudieren. Ich arbeitete also am Alexandrinski Theater mit Sergej Radlow für ein Stück von Ernst Toller; außerdem machte ich dort die Tänze in *Cäsar und Cleopatra* von G.B. Shaw. Am Michailowski Theater sollte ich die Tänze in Rimski-Korsakows Oper *Der goldene Hahn* choreographieren. Und in *Fürst Igor* mußte ich sogar persönlich auftreten: ein Freund und ich, wir beide waren das ganze Bauernvolk in den *Polowetzer Tänzen*. Das war in der Eisernen Halle des Volkshauses in Petersburg, auf der Petrograd-Seite der Newa. Das war das Opernhaus für die Arbeitermassen, sehr arm. Die hatten praktisch überhaupt kein Geld. Der junge André Kostelanetz dirigierte dort, wie ich mich erinnere.

Hier im Westen konnte ich dasselbe Stück auf verschiedene Weise choreographieren. Wenn mehr Mitwirkende zur Verfügung stehen, kann man auch großzügiger inszenieren. In Monte Carlo war ich einmal gezwungen, sehr ingeniös vorzugehen. Ich erinnere mich, daß wir *Samson und Dalila* von Saint-Saëns machten: ich richtete die Tänze so ein, daß sie nur von drei Personen ausgeführt wurden!

Tschaikowsky sagte, er würde alles komponieren, was man bei ihm bestellte: Sollte es eine Oper sein, würde er eine Oper schreiben; wenn ein Marsch verlangt würde, auch gut; oder eine Kantate für irgendeinen besonderen Anlaß – bitte sehr, mit Vergnügen. Im Grunde arbeiten wir doch alle so. Mir ist bekannt, daß große Komponisten gerne Auftragswerke schreiben.

Ich erinnere mich, daß ich – als ich am Broadway arbeitete – ein bißchen Geld hatte. Das muß so etwa 1940 gewesen sein. Nach Abzug aller möglichen Ausgaben hatte ich noch fünfhundert Dollar übrig. Da überlegte ich mir, was ich mit dem restlichen Geld machen sollte. Ein besonders teures Zigarettenetui kaufen oder so etwas ähnliches? Weit gefehlt! Ich entschied mich dann dafür, Paul Hindemith zu bitten, etwas für mich zu komponieren.

In jenen Tagen gab ich öfters Partys für meine Musiker-Freunde. Ich machte die *sakuski* [hors d'oeuvres] selbst und schenkte reichlich Wodka aus. Und dann wurde musiziert. Damals hatte ich zwei Flügel in meiner Wohnung; mein Freund Nikolai Kopeikin und ich spielten darauf.

Hindemith lehrte seinerzeit in Yale, glaube ich, und lebte in New Haven. Er hatte ein zweistöckiges Haus mit einem Garten. Er pflanzte Blumen und züchtete Obstbäume. Ich habe ihn dort besucht. Ich sagte zu ihm: „Ich habe fünfhundert Dollar, könnten Sie mir dafür etwas komponieren?"

Hindemith sagte: „Was soll's denn sein?" Ich erklärte, daß ich etwas für Klavier und Streicher haben wollte. Hindemith erwiderte: „Geht in Ordnung. Ich habe gerade Zeit, ich mache das gern." Ich gab ihm das Geld. Und einen Monat später rief er an und sagte, er habe *Die vier Temperamente* geschrieben, Thema und vier Variationen für Klavier und Streicher.

Ich trommelte daraufhin Musiker zusammen, die ich kannte. Ich erinnere mich, daß Nathan Milstein kam, die Cellistin Raja Garbusowa und Leon Barsin. Wir aßen und tranken, die Musiker spielten das neue Stück von Hindemith, exzellent, professionell. Später hat Hindemith zu mir gesagt: „Wenn Sie wollen, können Sie das Stück für ein Ballett benutzen. Ich möchte aber nicht, daß *Die vier Temperamente* im Konzertsaal gespielt werden, weil ich inzwischen einen anderen Kompositionsstil habe." Ich glaube, er arbeitete gerade an seinem Klavierzyklus *Ludus tonalis* mit klaviertechnischen Übungen.

Ich habe *Die vier Temperamente* als Ballett bearbeitet. Interessant ist aber, daß das Werk nun doch recht häufig in Konzerten gespielt wird. Und sogar auf Schallplatte erhältlich ist. Hindemith hat eben gute Musik geschrieben, auch wenn es ein Auftragswerk war. Das nenne ich handwerkliches Können.

Auch Strawinsky hat gesagt: „Ich schreibe alles. Jazz – kein Problem. Film oder Fernsehen – kein Problem." Er fand auch – wie Hindemith – Zeit für mich. Strawinsky hat Zirkusmusik für mich geschrieben – eine Polka für Elefanten. Ich weiß noch genau, wie ich ihn angerufen habe und gesagt: „Igor Fjodorowitsch, ich brauche eine Polka, könntest du mir eine schreiben?" Strawinsky antwortete: „Ja, ich habe gerade Zeit. Für wen soll die Polka sein?" Ich erläuterte, daß meine Ballerina ein Elefant sein würde. „Ist die Elefanten-Tänzerin jung?", fragte er. Ich sagte: „Ja, sie ist nicht alt." Strawinsky lachte und meinte: „Nun, wenn sie jung ist, umso besser! Dann freue ich mich noch mehr auf diesen Auftrag." Und er schrieb eine Polka, die er „einer jungen Elefanten-Ballerina" widmete. Es war nicht unter seiner Würde, daß er eine Zirkusmusik schreiben sollte.

Kürzlich habe ich von einem außergewöhnlichen Beispiel für Tschaikowskys handwerkliches Können gehört. Anna Sobestschanskaja, eine Primaballerina des Bolschoi Balletts in Tschaikowskys Tagen, tanzte in der mittelmäßigen Moskauer Inszenierung von *Schwanensee*. Um ihre Auftritte zu beleben, bat sie Petipa, einen *pas de deux* für sie zu kreieren, den sie dann im dritten Akt *Schwanensee* einfügte. Sie kümmerte sich gar nicht darum, daß Petipa den *pas de deux* nach Musik von Minkus gemacht hatte!

Als Tschaikowsky davon hörte, protestierte er: „Mein Ballett mag gut oder schlecht sein – ich allein trage die Verantwortung für die Musik darin." Tschaikowsky bot an, einen neuen *pas de deux* für die Ballerina zu schreiben, aber sie wollte ihrerseits Petipas Choreographie nicht verändern. Also hat Tschaikowsky nach Minkus' Rhythmus einen neuen *pas de deux* geschrieben, der dann – Takt für Takt – auf den Tanz paßte, den die Sobestschanskaja schon einstudiert hatte. Sie mußte nicht umlernen und brauchte dank Tschaikowsky nicht eine einzige Probe.

Tschaikowsky schrieb an den Großfürsten Konstantin Romanow: „Seitdem ich komponiere, habe ich mir immer ein Ziel gesetzt: in meinem Metier das zu sein, was die größten Meister – Mozart, Beethoven, Schubert – in dem ihren waren. Ich meine nicht, daß ich ein so großes Genie sein wollte, wie sie es sind, aber ein Komponist wie sie, der eher wie ein fleißiger Schuster arbeitet und nicht wie ein feiner Herr den Müßiggang pflegt. Mozart, Beethoven, Schubert, Mendelssohn und Schumann komponierten ihre

171

unsterblichen Werke genau wie ein Schuster seine Schuhe arbeitet – tagein, tagaus und vornehmlich auf Bestellung. *Die Ergebnisse waren irgendwie kolossal.*" *Und Tschaikowsky fügt hinzu: „Ein Musiker, der die Höhen erklimmen will, zu denen ihn die Kraft seiner Begabung befähigt, muß den* Handwerker *in sich kultivieren.*"

Ich fürchte, Tschaikowsky könnte hier mißverstanden werden, wenn man es wortwörtlich nimmt, daß er tatsächlich Schuster werden wollte. Weder Mozart noch Schumann noch Tschaikowsky waren Schuster! Er meint hier eines: daß man jeden Tag arbeiten muß. Einige Leute meinen nämlich, daß man nur herumzusitzen und nichts zu tun braucht, bis einen plötzlich eine brillante Idee überkommt. So einfach ist es nicht. Da hat Tschaikowsky recht. Hinter jeder guten Idee steht fürchterlich anstrengende Arbeit. Man zerbricht sich den Kopf, und nichts kommt dabei heraus. Man sieht einen riesigen Berg vor sich, alles durcheinander. Und man braucht viel, viel Zeit, sich da hindurchzuwühlen – und man kommt immer noch nicht voran. Dann weiß man nicht, was man als nächstes tun soll. Wie Puschkin sich auch über seine Schriftstellerei geäußert hat: „In welche Richtung sollen wir segeln?" Doch wenn man hart genug gearbeitet hat, nimmt das Werk allmählich Gestalt an. Dann überlegt man sich, ob auch alles richtig ist. Denn jede Profession und jedes Handwerk haben bestimmte Regeln, die man beachten muß. Nehmen wir an, du möchtest Französisch lernen. Zuerst muß man die französische Grammatik können. Sonst macht man alle möglichen dummen Fehler, und man wird ausgelacht! So sollte man in seinem eigenen Werk zuvorderst gewisse Regeln einhalten, dann erst eigene Ideen einbringen. Dann kann man darüber nachdenken, ob das, was man tut, interessant ist. Vielleicht kann ich mir noch einen ungewöhnlichen Sprung oder einen anderen Ansatz ausdenken? Du denkst: wird das Erfolg haben? Man kann durchaus sagen, daß es in der Kunst gewisse Regeln gibt, aber keine starren Gesetze. Wenn man die Regeln kennt, darf man die Gesetze brechen.

Tschaikowsky schrieb an den Großfürsten: „Nicht alles, was lang ist, ist in die Länge gezogen; Wortreichtum ist nicht notwendigerweise Phrasendrescherei, und Kürze ist nicht unter allen Umständen eine Voraussetzung für die absolute Reinheit der Form. Wörtliche Wiederholungen – in der Literatur kaum zu akzeptieren – sind in der Musik absolut unverzichtbar.

Im Ballett ist es genau dasselbe. Es ist nicht notwendig, immerfort neue Bewegungen zu erfinden. Man kann Bewegungen wiederholen, das ist kein Vergehen. Das Publikum bemerkt gemeinhin Wiederholungen nicht, aber das ist nicht der Punkt. Wiederholung als Stilmittel ist gut für den Aufbau eines Stückes. Tschaikowsky hat das verstanden. Er konstruierte seine Kompositionen sehr sorgfältig, aber auf seine besondere Weise. Bach hatte seine Regeln, Tschaikowsky andere. Tschaikowsky hätte sich in den Bachschen Formen eingeengt gefühlt.

Tschaikowsky wünschte sich wie jeder Künstler, daß das Publikum seine Musik liebt. Nur ein Verrückter würde auf die Idee kommen, etwas derartig Absurdes zu schaffen, daß das Publikum es verabscheuen müßte! Wir alle wünschen uns, daß unsere Werke geschätzt werden.

Tschaikowsky sagte einmal über einen gewissen jungen Komponisten, er habe echtes Talent, weil er keine Scheu vor musikalischer Banalität habe. Er meinte sich natürlich selbst. Es ging hier allerdings nicht um musikalische Banalität, sondern um den Mut, populäre Musik zu komponieren, die vom Publikum geliebt würde. Mozarts Vater schrieb einmal an seinen Sohn: „Du mußt populär werden." Und Mozart versuchte es, er fand interessante Libretti für seine Opern. Und es gibt wohl niemanden, der ihm musikalische Banalität vorwerfen könnte! Strawinsky hat sich nichts vergeben, als er die Polka für einen jungen Elefanten schrieb. Diese Komponisten waren keine Snobs – darum haben sie so viel erreicht.

XII

Strawinsky

Nur wenige Menschen wissen, daß Igor Fjodorowitsch Strawinsky Tschaikowskys Musik sehr liebte. Strawinsky hat mir viele Male erzählt, daß er Tschaikowsky sehr verehrte. Tschaikowsky und Strawinsky sind zwei Komponisten, die große Musik geschrieben haben, besonders für uns Tänzer. Natürlich sollte man dabei Ravel auch nicht übersehen. Ich habe Ravel persönlich gekannt. Wir begegneten uns in Monte Carlo, als ich 1925 am dortigen Opernhaus seine Oper *L'Enfant et les sortilèges* (Das Zauberwort) inszenierte. Das war die Uraufführung. Damals allerdings, um der Wahrheit die Ehre zu geben, habe ich Ravels Musik noch nicht so gut verstanden. Und ich konnte noch kein Französisch. Der Mensch Ravel hat mich auch damals nicht besonders beeindruckt – für mich war er nur ein relativ kleiner, elegant gekleideter Herr. Erst jetzt begreife ich, was für ein bedeutender Komponist er war. Er schrieb ein opulentes Ballett – *Daphnis und Chloë*. Und schuf Kompositionen wie *La Valse* und *Valses nobles et sentimentales*.

Über Strawinsky gibt es auch dumme Vorurteile: er sei ein intellektueller Komponist, seine Musik sei zu vielschichtig und zu mathematisch. Tatsächlich ist Strawinskys Musik aber humorvoll, schwungvoll und sehr geeignet zum Tanzen. Strawinsky war nie alt. Wenn ich an ihn denke, erinnere ich mich an einen junggebliebenen Menschen. Strawinsky war fröhlich. Wenn wir zusammen arbeiteten, haben wir immer viel Spaß gehabt.

Tschaikowsky kannte Igor Strawinskys Vater sehr gut, Fjodor Strawinsky (1843–1902), Bassist am Mariinski Theater, und er schätzte seine Begabung sehr. Fjodor Strawinsky wirkte bei der Uraufführung von Tschaikowskys Oper Der Opritschnik in Kiew mit; in Erinnerung an diese Aufführung schrieb Tschaikowsky über Strawinsky: „...durch seine wunderbare Stimme sowie seine dramatische Ausstrahlung verlieh er der eher kleinen und undankbaren Rolle des Wjasminski große Bedeutung." Strawinsky sang auch in anderen Opern von Tschaikowsky, die in Petersburg uraufgeführt wurden: Die Jungfrau von Orléans, Mazeppa und Die Zauberin. Strawinskys Auftritt als Mönch Mamirow in Die Zauberin war besonders erfolgreich. Die Zeitung Petersburgskii listok schrieb: „Herr Strawinsky sang seinen kleinen Monolog ‚Zum Tanz, zum Tanze mich zu zwingen!' derartig dramatisch, daß er einen Beifallssturm des gesamten Theaters und viele da capo-Rufe auslöste." Tschaikowsky, der die Uraufführung dirigiert hatte, verehrte dem Sänger ein Bild von sich mit der Aufschrift „Für Fjodor Ignaziewitsch Strawinsky von einem Bewunderer seines Talents, der zutiefst dankbar ist für die wunderbare Gestaltung der Rolle des Mamirow. 3. November 1887". Igor Strawinsky erinnerte sich, „daß dieses Photo meinem Vater das liebste Andenken in seinem Arbeitszimmer" war.*

---

* Wenn Igor Strawinsky damit recht hat, daß die Grafen Litke Cousins seiner Mutter waren, dann wäre er selbst ein entfernter Verwandter Tschaikowskys gewesen: Die Grafen Alexander und Konstantin Litke waren mit Tschaikowsky verwandt. Wie die sowjetischen Herausgeber der Briefe Tschaikowskys kommentieren (Moskau, 1978, Band XVIA), gehörten Alexander/Sanja/ Litke „zu der Gruppe von jungen Leuten, die spaßeshalber Tschaikowskys ‚vierte Suite' genannt wurden", was ein Wortspiel aus den russischen Wörtern suita (Suite) und swita (Umgebung) ist.

Strawinsky liebte Tschaikowskys Ballette am meisten von allen. Er war der Meinung, daß Tschaikowsky unglaubliche Melodien geschaffen hatte, aber ihn begeisterten nicht nur die Melodien, sondern auch ihre meisterhafte Harmonisierung und Orchestrierung. Strawinsky pflegte zu sagen: „Man kann bei Tschaikowsky und Gounod so wundervolle Dinge finden!" Tschaikowskys *Mozartiana* hat mit Sicherheit Strawinskys Stil beeinflußt. Und eines seiner berühmtesten Werke mit Stilmitteln und musikalischen Zitaten eines anderen Komponisten ist das Ballett *Der Kuß der Fee*, Strawinskys „Tschaikowskyiana". Strawinsky entdeckte den Stoff in den Märchen von Hans Christian Andersen, aber das ist nicht das Entscheidende. Wichtig ist, daß das Ballett eine Huldigung an Tschaikowsky ist. Strawinsky verwendet darin Themen aus etwa einem Dutzend Kompositionen von Tschaikowsky, vornehmlich den Klavierstükken, aber auch aus den Liedern und sogar einiges aus den Opern.

Einige Themen sind recht bekannt, zum Beispiel „Wiegenlied im Sturm". Oder das *Albumblatt* für Klavier. Es gibt aber auch musikalische „Zitate", die nur denen auffallen, die wie ich Tschaikowskys Musik gut kennen – zum Beispiel aus dem *Kinderalbum*, aus *Pique Dame* oder aus der Oper *Tscherewitschki*. Ich kann sogar Anklänge aus Tschaikowskys 1. Sinfonie in diesem Ballett von Strawinsky erkennen.

Auch in Strawinskys Ballett *Apollon Musagète* höre ich Tschaikowsky durch. Im Prolog klingen die Streicher ganz typisch für Tschaikowsky, und dasselbe gilt auch für andere Stellen. Ich denke mir, daß Strawinsky an Tschaikowskys *Dornröschen* gedacht hat, als er seinen *Apollon* schrieb. Auch in anderen Werken Strawinskys höre ich Tschaikowsky heraus, manchmal vollkommen unerwartet. Nun ist das Vergleichen der Musik zweier bedeutender Komponisten ein sinnloses Unterfangen. Wichtig ist, daß Strawinsky das Medium Ballett genau so verstanden hat wie Tschaikowsky. Er sagte zu mir: „Ballett ist ein Schauspiel. Die Leute schauen genau hin! Ein junger Mann sitzt in der ersten Reihe, er möchte das Mädchen auf der Bühne sehen. Das soll ihm dann gefallen." Strawinsky wußte, daß man fürs Ballett keine langweilige Musik schreiben durfte. Alles mußte in Bewegung sein – geschwind und geschmeidig, Tempo, Tempo! Wie ein D-Zug, der nicht an unwichtigen Stationen hält.

Der russische Komponist Arthur Lourié, in den zwanziger Jahren einflußreicher Freund Strawinskys und – in den Worten von Robert Craft – sein „musikalischer Assistent", schrieb 1927: „Die gewisse Ähnlichkeit zwischen Strawinsky und Tschaikowsky basiert auf der Tatsache einer fast familiären ‚musikalischen Blutsverwandtschaft', die über die Unterschiede in Temperament und Geschmack hinweg verbindet... Strawinsky mußte sich selbst mit Tschaikowsky in Verbindung setzen – es war eine ganz natürliche Reaktion gegen überholten Modernismus. Die allzeit gegenwärtige Verbindung von Strawinsky zu Tschaikowsky wurde ganz bewußt von Strawinsky selbst in der Oper Mawra enthüllt und später in seinem Oktett für Bläser."

Ich habe nicht alle Musik von Strawinsky auf Anhieb verstanden. Früher mochte ich Rachmaninoff sehr gern. Ich habe immer versucht, kein Konzert mit Rachmaninoff in Petersburg zu versäumen. Er war ein Tasten-Genie! Als ich von Rußland in den Westen kam, versuchten die Danilowa und ich, bei erster Gelegenheit eines seiner Konzerte zu besuchen. Es war in London. Wir saßen und lauschten der Musik von Chopin und Schumann. Er spielte brillant! Und dann eigene Werke. Wir liebten sie!

Nach dem Konzert besuchten wir Rachmaninoff in der Kantine. Menschenmassen, alle warteten geduldig in einer Schlange. Rachmaninoff stand in einer Ecke, groß, mißmutig. Seine Fans kamen zu ihm herüber, einer nach dem anderen, verschlangen ihn mit Blicken und überschütteten ihn mit Komplimenten. Die Prozession bewegte sich vorwärts, langsam, langsam. Endlich kamen wir an die Reihe. Wir traten zu ihm vor, verbeugten uns, guten Abend, es war ja so wunderbar! Ich sagte: „Dies ist Frau Danilowa vom Mariinski, ich heiße Balantschiwadse. Wir sind Tänzer vom Mariinski Theater. Wir sind vollkommen hingerissen! Wir gehen immer in Ihre Konzerte! Sie sind ein großartiger Pianist!" Rachmaninoff blieb stumm. Ich fuhr untertänigst fort: „Ob Sie uns wohl erlauben würden..., ich möchte Sie höflich bitten –", da unterbrach mich Rachmaninoff und sagte grob: „Was?" Ich versuchte weiterzusprechen: „Ihre wunderbare *Elegie*... Vielleicht würden Sie mir erlauben, etwas aus dieser Musik zu machen... etwas zum Tanzen..." Rachmaninoff fing an zu brüllen: „Sind Sie wahnsinnig? Wo denken Sie hin! Nach meiner Musik tanzen? Wie können Sie es nur wagen! Raus! Raus hier!" Wir baten um Vergebung, verbeugten uns und machten, daß wir wegkamen.

Wir waren Herr und Frau Niemand, wir waren doch bloß Tänzer, Kroppzeug. Und er war ein großer Pianist, ein Genie. Damals mochte ich seine Musik noch. Aber mein Dank gilt Diaghilew, er hat mir den Kopf zurechtgerückt. Als ich einmal etwas über Rachmaninoff sagte, erwiderte Diaghilew: „Mein lieber Freund, *golubtschik*, sei nicht albern, das ist fürchterliche Musik! Es gibt so viele wunderbare Komponisten in unserer Welt, aber Rachmaninoff gehört nicht zu ihnen. Du mußt noch deinen Geschmack entwickeln. Vergiß Rachmaninoff!" Ich sagte: „All right." Und also vergaß ich ihn.

Diaghilew hatte ja so recht. Rachmaninoffs Musik ist ein einziger Brei, besonders die Orchesterwerke. Aber auch seine Klaviermusik ist schrecklich. Seine Variationen nach einem Thema von Corelli – ein einziger Salat, großer Mist. Nein, mit Rachmaninoff kann ich nichts mehr anfangen.

Skrjabin – das ist schon etwas anderes, er hat interessante Klaviermusik geschrieben. Die Klaviersonaten sind sogar sehr, sehr gut. Aber nehmen wir einmal sein Klavierkonzert: Es beginnt recht attraktiv, sehr schön, und dann auf einmal – wamm – ist Schluß, dann ist die Spannung weg. Von da an ist das Konzert dann so langweilig, daß es schon weh tut. Skrjabins Sinfonien sind grauenvoll instrumentiert. Und ich mag nicht die Ambitionen in seiner Musik, all diese Versuche, philosophisch zu sein. Dadurch fällt Skrjabins Musik buchstäblich auseinander. Philosophie ist ein anderes Medium, warum die Musik damit belasten?

Diaghilew hat Skrjabin auch nicht besonders geschätzt, aber, daran kann ich mich erinnern, er respektierte ihn als Mensch. Er schätzte auch Prokofjews Talent, gab aber nicht viel auf dessen Ansichten. Prokofjew war in der Tat fürchterlich degeneriert. Ich habe sein Ballett *Der verlorene Sohn* für Diaghilew gemacht. Es ist ein biblischer Stoff, aber die Musik war natürlich ziemlich modern. Ich machte es so, wie es für die Musik am günstigsten schien. Diaghilew war sehr angetan von meinen Ideen, er sagte immer wieder „wunderbar, wunderbar". Aber als Prokofjew einmal zu einer Probe kam, fing er an zu brüllen, es sei alles ganz schrecklich, er sei überhaupt nicht einverstanden. Nun, Prokofjew hat überhaupt nichts von Tanz verstanden. Er machte sich auch über die Arbeit des Choreographen keine Gedanken. Er machte sich auch keinerlei Gedanken darüber, wie sein Ballett inszeniert wurde – es war ihm alles gleichgültig. Als er die Musik zum *Verlorenen Sohn* komponierte, hatte er wohl den Wunsch nach einer realistischen

Ausstattung gehabt: bärtige Männer sollten herumsitzen und aus echten Kelchen echten Wein trinken, die Tänzer und Tänzerinnen sollten „historisch authentische" Gewänder tragen. Kurz gesagt, Prokofjew stellte sich sein Ballett wohl so ähnlich vor wie eine *Rigoletto*-Inszenierung. Da muß er ja von meiner Choreographie entsetzt gewesen sein. Er haßte, was ich seiner Musik angetan hatte. Und natürlich schrie Diaghilew Prokofjew an, er sei ein absoluter Ignorant, der überhaupt nichts von Ballett verstehe. Und Prokofjew mußte klein beigeben, denn Diaghilew hatte die Verantwortung für die Aufführung.

Danach folgte noch ein anderer Zusammenstoß mit Prokofjew. In Frankreich gab es die Autorenvereinigung der Musik- und Bühnenschaffenden. Diese Gesellschaft zahlte Tantiemen. Wenn ein Ballett aufgeführt wurde, bekam der Komponist zwei Drittel und der Librettist ein Drittel der Provision. Wenn der Librettist sehr bekannt war, mußte der Komponist die Tantieme vielleicht sogar hälftig mit ihm teilen. Aber um das zu erreichen, mußte der Librettist schon irgendwie ein Genie sein, ein bedeutender Mann mit einem großen Namen. Das Libretto für *Der verlorene Sohn* stammte aus der Feder von Boris Kochno, Diaghilews Sekretär. Der verdiente gutes Geld, indem er kleine Geschichten für verschiedene Ballette schrieb und dann seinen Teil der Tantiemen kassierte. Aber kein Mensch hat an uns Tänzer gedacht. Wir gehörten ja nicht der Autorenvereinigung an. Wir waren ja nur „die vom Ballett", lauter Dummköpfe. Wir gehörten nicht zu der Kategorie der Gebildeten. Und gerade damals wurde ich von Diaghilew so schlecht bezahlt – extrem wenig, Pfennigbeträge. Von dem Geld konnte man nicht leben. Wir waren immer fast am Verhungern. Glücklicherweise besaß ich mehrere Hosen, und ich kann mich erinnern, daß ich den *Marché aux puces*, den Pariser Flohmarkt, besuchte und ein paar verkaufte. Von dem Erlös kaufte ich Würstchen, von denen wir uns dann alle ernährten.

In meiner Verzweiflung ging ich zu Kochno: „Könnten Sie mir vielleicht etwas Geld geben? Ich habe sehr lange am *Verlorenen Sohn* gearbeitet, und ich brauche dringend etwas Geld." Kochno sagte, er bekomme nur ein Drittel, Prokofjew aber zwei, und ich solle zu ihm gehen und ihn um Geld bitten. Ich ging also zu Prokofjew. Er fing an, mich anzuschnauzen: „Was sagen Sie da? Das ist wohl etwas übertrieben! Der *Verlorene Sohn* ist schließlich mein Werk! Warum sollte ich Sie bezahlen! Wer sind Sie überhaupt! Verlassen Sie den Raum! Von mir werden Sie bestimmt nichts bekommen!"

Ein ungehobelter Mensch, dieser Prokofjew. Er hätte ja auch sagen können: „Wissen Sie, bester Mann, mein lieber *golubtschik*, ich brauche mein Geld selbst, ich kann Ihnen leider nichts abgeben." Oder so ähnlich. Nein – er mußte mich anbrüllen, als ob ich ein dummer Junge sei. Ich bat um Entschuldigung, machte eine Verbeugung und entfernte mich still.

Rachmaninoff lehnte Strawinsky ab. Er empfand ihn als Konkurrenz, als stehle er ihm den Ruhm. Als ob man Rachmaninoff seinen Ruhm streitig machen könnte! Ich hatte den Eindruck, daß der Erfolg Strawinskyscher Musik auch Prokofjew zu schaffen machte.

Diaghilew hat mir nicht nur geholfen, die Feinheiten in Strawinskys Musik zu verstehen, er erklärte mir auch die Malerei. Er öffnete mir die Augen für Botticelli. Wir waren zusammen in Florenz. Diaghilew führte mich in die Uffizien, setzte mich vor Botticellis *La Primavera* und sagte: „Schau dir das an." Dann ging er mit Lifar und Kochno zum Essen. Das war nicht sehr fein von ihm. Als er dann – wohlgesättigt – in die Uffizien zurückkehrte, saß ich immer noch vor dem Botticelli, hungrig und wütend. Diaghilew fragte mich: „Nun, verstehst du das Bild?" Natürlich war mir nicht verborgen geblieben, daß *La Primavera* ein wunderbares Gemälde war, aber ich war so sauer auf Diaghilew. Lifar und Kochno waren seine Lieblinge, er kleidete und fütterte sie gut. Und natürlich spielten sie sich als großartige Kunstkenner auf. Um Diaghilew zu ärgern, sagte ich, daß ich überhaupt nichts verstünde: nun ja, ein Bild wie viele andere, na und? Nichts Besonderes. Da wurde Diaghilew wütend. Ich mochte Botticelli aber doch sehr gern. Und sein Bild *La Primavera* blieb mein Leben lang in meinem Herzen.

Natascha Makarowa schickte mir kürzlich eine Weihnachtskarte, auf der *La Primavera* abgebildet war. Es ist sehr feinsinnig, im Winter an den Frühling zu erinnern. Ich weiß, daß Natascha mir mit dieser Karte die Idee für ein Ballett suggerieren wollte. Sie hat irgendwie bemerkt, daß ich Botticelli liebe. Das ist eben weibliche Intuition.

Dennoch bekomme ich meine Ideen nicht vom Bilderanschauen, obgleich ich schon mit vielen inzwischen berühmten Malern zusammengearbeitet habe. Zum Beispiel mit Georges Rouault, Utrillo, Matisse und André Derain, aber die haben keinen großen Einfluß auf mich gehabt. Ich habe ganz einfach meine Arbeit getan. Ich war mit einigen sehr befreundet, zum Beispiel mit Pawel Tschelitschew. Er war unglaublich talentiert, ein großartiger Maler. Sehr eigenwillig, aber wer von uns wäre das denn nicht? Ich war mit dem deutschen Künstler Max Ernst befreundet. Er lebte hier in New York. Ich habe ihn in Monte Carlo kennengelernt, bei Diaghilew zu Hause. Ernst hat zwei surrealistische Vorhänge für Diaghilew-Ballette gestaltet. Mir haben die Collagen von Max Ernst am besten gefallen.

Wenn ich ein Ballett mache, dann bin ich nicht sehr abhängig von der Arbeit des Kostüm- und Bühnenbildners. Petipa war es auch nicht. Diaghilew sagte manchmal, daß die Ausstattung doch das wichtigste Element einer Produktion sei. Vielleicht kam das daher, daß er viel mit Michail Fokin zusammengearbeitet hat. Fokin liebte die Stilisierung. Fokin war immer von irgendwelchen Gemälden oder Zeichnungen begeistert, von allen möglichen Dekorationen – Bühnenbild und Kostüme waren ihm sehr wichtig. Zu seiner Zeit war Fokin ein bedeutender Ballettmeister, er hat viele interessante Ballette aufgeführt. Petipa hat in geraden Linien gedacht: die Solisten vorn, das Corps de ballet dahinter. Fokin hat die geschwungenen Linien auf der Bühne erfunden. Und die Ensemble-Tänze. Er bildete auf der Bühne kleine Gruppen und erfand für sie interessante, ungewöhnliche Formen. Ich kannte Fokin schon vor der Revolution, vom Mariinski Theater her. Er spielte auch gut Gitarre und Mandoline. Fokin war ein berühmter Mann, und ich war ein kleiner Anfänger. Es war interessant, in seinen Balletten zu tanzen. Aber er war unleidlich, ewig am Fluchen. Seine Frau war auch Tänzerin – eine schöne Jüdin, eine echte jüdische Prinzessin, und so herrlich kurvenreich. Aber es reichte nicht zur Primaballerina, obgleich Fokin versuchte, sie dazu zu machen.

Fokin arbeitete zuerst mit Diaghilew und Strawinsky zusammen, überwarf sich aber dann mit ihnen. Dann arbeitete er mit Rachmaninoff, der Strawinsky nicht leiden konnte. In seinen letzten Jahren attackierte Fokin Diaghilew mit der Behauptung, er verstünde nichts von Ballett. Fokin zufolge habe sogar Teljakowski, Direktor des Kaiserlichen Theaters vor der Revolution, mehr von Ballett verstanden als Diaghilew. Teljakowski habe ich am Mariinski aus- und eingehen sehen. Er war ein eindrucksvoller Herr, immer gut gekleidet. Man sagte, er sei früher Offizier des Garderegiments gewesen. Vielleicht hat Teljakowski etwas von Ballett verstanden, ich weiß es nicht. Aber Diaghilew war ein echter Kenner, das kann ich mit Sicherheit sagen. Besonders deshalb, weil es früher am Ballett nicht sehr viel zu verstehen gab. Ballett war eine recht anspruchslose Kunst.

Diaghilew war schießlich kein Ballett-Profi, aber er verbrachte sehr viel Zeit mit Tänzern, besonders mit Anna Pawlowa und Nijinsky, als sie zusammen studierten. Diaghilew hat die beiden immer gefragt, warum sie dieses so und jenes anders machten. Und dann hat er gedacht, ah, so macht man das also. Und Diaghilew hat wirklich etwas von Musik verstanden. Er war nicht nur ein eindrucksvoll aussehender Mann, er hörte auch genau zu, wenn sich Berufsmusiker unterhielten. Und er lernte mit wahnsinniger Geschwindigkeit. Weil ihm Musik und Tanz sehr viel bedeuteten.

Nijinsky war natürlich überragend. Er flog buchstäblich durch die Luft – kraftvoll, nicht wie ein Engel, sondern wie wir Ballettleute eben fliegen. Man hat das „Nijinskys Geheimnis" genannt; viel von seiner Technik ist für andere Tänzer zu übernehmen. Ich kann es einmal so sagen: Ein Tänzer kann das eine sehr gut, ein anderer etwas anderes; es kann also einen Tänzer geben, der so springen kann wie Nijinsky; ein anderer kann vielleicht etwas anderes aus der Trickkiste des Nijinsky sehr gut machen. Aber nur Nijinsky selbst konnte alle seine Spezialitäten! Er konnte einfach alles! Und das war sein Geheimnis.

Die Leute streiten darüber, ob Nijinsky ein guter Choreograph war. Was ich gesehen habe, war vielversprechend. Ich würde sagen, er hätte ein richtiger Ballettmeister werden können, wenn er eine Chance bekommen hätte. Nijinsky wußte auch interessante Sachen zu erfinden. Man hätte mehr neue Ballette von ihm verlangen sollen, er hätte öfters Aufträge bekommen sollen. Immerhin hat er seine Ballette nach sehr komplizierter Musik choreographiert, und das war zu anstrengend für ihn. Dennoch glaube ich, daß er mehr Talent hatte als seine Schwester Bronislawa, auch wenn sie einige sehr interessante Sachen selbst gemacht hat. Natürlich hätte ich Strawinskys *Les Noces* anders aufgefaßt als sie.

Niemand hat das Monopol an Strawinskys Musiken. Man kann sie verschieden auslegen. Vielleicht erzielt der eine oder andere interessantere Ergebnisse. Hier entscheidet das Publikum. So ist es auch mit Tschaikowsky: *Schwanensee* in Moskau war fürchterlich, dann produzierte Petipa das Ballett in Petersburg, und das Publikum war verliebt. Isadora Duncan tanzte zur Musik der 6. Sinfonie, der *Pathétique*. Sie tanzte ganz genau so zur *Marseillaise* und zur *Internationale*. Es war ihr egal, zu welcher Musik sie hüpfte, solange die Tücher und Schals nur ihren Körper schön zur Geltung brachten. Fokin machte ein Ballett auf Tschaikowskys *Serenade* für Streicher. Er nannte es *Eros*. Ich mochte es nicht besonders gern, darum machte ich die *Serenade* später noch einmal auf meine Weise. Und morgen kann jemand anders meine *Serenade* langweilig finden und wiederum eine neue Choreographie kreieren. Wenn's dem Publikum gefällt, bitte sehr.

Als ich noch in Petersburg war, wollte ich Strawinskys *Pulcinella* inszenieren. Wolodja Dmitriew hatte dazu einige interessante Ideen. Wir diskutierten, und manchmal kam Lopuchow selbst dazu. Wir hatten vor Lopuchow nur während der Proben Angst, da er durchaus fähig war, uns lautstark Beleidigungen an den Kopf zu werfen. Wenn wir über die Zukunft des Balletts diskutierten oder über neue Musik, dann hatten wir keine Angst vor ihm, auch wenn er unser Boß war. In den langen Korridoren des Mariinski Theaters konnte ich ruhig anderer Meinung sein als er, konnte ihm widersprechen, soviel ich wollte. Lopuchow fühlte sich in unserer Gesellschaft stimuliert. Als ich ihn aber bat, *Pulcinella* machen zu dürfen, stellte sich das als unmöglich heraus. Das Theater hätte in *Valuta*, also in harter Währung, für die Partitur zahlen müssen, und Valuta gab es nicht. Nachdem ich von Petersburg nach Europa gegangen war, erfuhr ich, daß *Pulcinella* doch am Mariinski aufgeführt wurde – von Lopuchow und Dmitriew. Es war, wie Gogol geschrieben hat: „Die Kirche war so voll, daß man keinen Apfel fallen lassen konnte. Da kam der Bürgermeister und wollte hinein – und schon war Platz." Man hat also die harte Währung für *Pulcinella* gefunden, aber ohne mich.

Alexandre Benois beschrieb einmal, wie der Eindruck, den Dornröschen *machte, die Petersburger „cognoscenti" für das Ballett interessierte: „Tschaikowsky schien mir Türen zu öffnen, durch die ich tiefer und tiefer in die Vergangenheit eindringen konnte. Diese Vergangenheit rückte mir sogar näher als die Gegenwart, und ich verstand sie auch besser. Die Magie der Musik gab mir das sichere Gefühl einer ‚Heimkehr'... Mein Entzücken über* Dornröschen *führte mich zur Kunst des Balletts zurück, und ich steckte alle meine Freunde mit meiner Leidenschaft an. Ich bin sicher, wenn ich mich nicht in* Dornröschen *verliebt hätte und meine enthusiastischen Gefühle nicht an meine Freunde weitergegeben hätte, wären keine* Ballets Russes *entstanden, auch nicht die* allgemeine Ballettbegeisterung, *die sich in Rußland nach diesem Erfolg entwickelte."*

Es ist heute schwer vorstellbar, daß Diaghilew und Strawinsky von den Qualitäten eines *Dornröschen*-Balletts erst überzeugt werden mußten. Das ist mir völlig unbegreiflich. Aber ich kann mich erinnern, daß viele Leute in Rußland Tschaikowsky als einen nicht gerade typisch russischen Komponisten einschätzten. Es war gerade chic, Mussorgski und Rimski-Korsakow als die beiden echt russischen Komponisten zu bezeichnen. Ja, Rimski-Korsakow war durchaus ein sehr gebildeter Herr. Ich besitze sein Anleitungsbuch zur Kunst des Instrumentierens, worin er den Tonumfang für jedes Instrument erläutert: die Klarinette klingt am besten von hier bis da, das Cello von hier bis dort. Richtet man sich beim Instrumentieren nach Rimski-Korsakows Empfehlungen, klingt es auf jeden Fall gut, es entsteht ein Ohrenschmaus. (Rimski-Korsakow hat nach seiner Methode zwei Opern von Mussorgski instrumentiert; man sagt, er habe sie „aufgemöbelt". Strawinsky hat zusammen mit Ravel Mussorgskis Oper *Chowanschtschina* instrumentiert – ein Auftrag von Diaghilew.) Die Zeiten ändern sich, und heute, so glaube ich, wird Tschaikowsky nicht weniger als russischer Komponist anerkannt als Mussorgski. Und Strawinsky ist auch inzwischen in Rußland akzeptiert. Wir hier haben ihn schon immer als einen echt russischen Komponisten angesehen.

Strawinsky hat wie Tschaikowsky hart gearbeitet. Er hatte einen streng geregelten Tagesablauf. Das ist sehr wichtig! Darum hat er auch so viel geschafft. Wenn ich heute an ihn denke, meine ich, er hat immer sehr zielstrebig gelebt, während ich oft auf Abwege geriet. Während ich das eine wollte, ist mir schon das nächste eingefallen, etwas völlig anderes – nichts Halbes und nichts Ganzes. Ich hätte auch manchmal unterbrechen und nachdenken sollen, nur sitzen und denken, aber ich hatte nicht die Zeit dazu. Manchmal dachte ich, wir würden gut arbeiten, aber irgendwie ist es nie gelungen. Strawinsky hat geplant, ich habe improvisiert. Das mag mein großer Fehler sein.

Ich habe mit Strawinsky viele Projekte gemacht. Er spielte auf Proben seinen *Apollon Musagète* für uns, was in der griechischen Mythologie bedeutet „Apoll, der Musenführer". Heute wird das Ballett nur noch „Apollon" genannt. Ich machte Strawinskys *Der Kuß der Fee* – seine

„Tschaikowskyiana" – und sein Ballett *Kartenspiel*. Diese beiden Ballette machten wir an der Met. An *Orpheus* und *Agon* arbeiteten wir gemeinsam vom Beginn ihrer Entstehung an. So sollte es sein, so hat Petipa mit Tschaikowsky auch gearbeitet.

An unserem Theater haben wir viele Ballette zu Musik von Strawinsky inszeniert. Wir versuchten, sie so oft wie möglich aufzuführen, um dem Publikum Gelegenheit zu geben, Strawinskys Musik zu hören. Vorher wurde Strawinsky nicht so viel gespielt – abgesehen von seinen drei frühen Hauptwerken *Feuervogel*, *Petruschka* und *Le Sacre du printemps*. An diese Werke waren die Leute schon gewöhnt. Diese Werke liebten sie, aber nicht die späteren Kompositionen. Man machte Ausflüchte: „Ja, gut und schön, er ist sicher ein großer Komponist, aber wir verstehen ihn nicht." Man sagte: „Wir brauchen die anderen Werke nicht; *Sacre du printemps* – ja, das ist etwas anderes." Und über seine anderen Werke: „Vielleicht sind sie ja gut, aber nicht für uns." Inzwischen kennen und lieben die Leute Strawinskys Musik. Sie sagen: „Warum haben wir sie nicht früher verstanden?" Jetzt ist es einfach zu sagen: „Strawinsky? Ein Genie!" Nun, ich habe das schon vor sechzig Jahren gewußt, als man das noch nicht so leicht erkennen konnte.

XIII

„Russisches Roulette"

Tschaikowsky suchte einen Namen für seine 6. Sinfonie, die er soeben beendet hatte. Sein Bruder schlug zuerst *„Tragique"* vor; aber Tschaikowsky gefiel das nicht. Sobald sein Bruder aber *„Pathétique"* vorschlug, war er einverstanden. Er wollte Außenstehenden nicht erklären, warum er einverstanden war, seine Sinfonie so zu nennen – er ließ nur soviel durchblicken: Wartet, ihr werdet es später herausfinden.

Der erste Satz der Sechsten ist kurz und ergreifend, wie ein Gewittersturm. Die Holzbläser klingen wie Blitze, die Instrumentierung ist unglaublich. Und dann folgt der Choral „Ruhe meine Seele". Kein Mensch, absolut niemand weiß das! Vielleicht bekommt mancher Dirigent gesagt: Sehen sie, hier fängt ein neues Thema an. Aber man muß das erkennen und aus dem Herzen heraus empfinden. In Sowjetrußland ist das nicht mehr bekannt. Nur Menschen, die wie ich aus der Vergangenheit stammen, verstehen, was das bedeutet: das „Ruhe meine Seele" wird nur gesungen, wenn jemand gestorben ist. In der Kirche steht eine Bahre, der Sarg ist noch geöffnet, wenn der Gottesdienst zu Ende ist, knien alle nieder und weinen: dieser Mensch ist *tot!*, „Lasset die Seele unseres verstorbenen Dieners ruhen bei den Heiligen". Das ist wichtiger als ein *Ave Maria* oder ein *Ave Verum*. Dieser Choral bittet die Heiligen im Himmel, über den Seelenfrieden des Heimgegangenen zu wachen. Und das hat Tschaikowsky für sich selbst geschrieben! Es zieht ein Wirbelsturm durch die Musik, ein regelrechter

Wirbelsturm! Dann geht es abwärts, hinab in die Klangtiefen, Hörner, Oboen und Fagotte. Und plötzlich dieses „Ruhe meine Seele". Alle sind ergriffen und weinen.

Im Finale der *Pathétique* gibt es einen süßen, übersinnlich schönen Choral – drei Posaunen und eine Tuba. Die Melodie führt nach unten, immer weiter nach unten, erstirbt. Streicher, dann Holzbläser. Alles hält inne, als ob ein Mensch zu Grabe getragen wird. Gehen… gehen… gegangen. Das Ende. Tschaikowsky hatte hier sein eigenes Requiem geschrieben!

Tschaikowsky hat die Uraufführung seiner 6. Sinfonie in Petersburg selbst dirigiert. Nach dem Konzert hat er seine Cousine Anna Merkling nach Hause begleitet. Unterwegs fragte er sie, ob sie verstanden hätte, was er mit seiner Musik ausdrücken wollte. Die Cousine antwortete, es sei ihr so vorgekommen, als habe Tschaikowsky in dieser Sinfonie sein Leben beschrieben. „Sie haben recht", sagte Tschaikowsky und begann, das Programm der Sinfonie zu erläutern. Wie Anna Merkling später sagte, habe Tschaikowsky den ersten Satz seiner Kindheit zugeordnet und seinen Anfängen als Komponist; der zweite Satz enthalte Szenen seiner Jugend; der dritte – den Lebenskampf und das Erreichen seines Ruhms. „Ja, der letzte Satz", fügte Tschaikowsky hinzu, „ist das De Profundis, wie wir alle enden werden."

Tschaikowsky schrieb die *Pathétique* sehr schnell, er brauchte dazu nur etwas über zwanzig Tage. Was für ein gewaltiges Werk! Dann dirigierte er die Sinfonie in Petersburg, und niemand mochte das Werk. Aber das störte ihn nicht. Nur wenige Tage später kam dann die Meldung: Tschaikowsky ist ernstlich erkrankt. Und nur wenige Tage danach war er gestorben, an der Cholera! Aber war das denn die Wahrheit? Als ich noch in Petersburg war, hörte ich die Version, daß Tschaikowsky mitnichten an der Cholera gestorben sei, sondern Selbstmord begangen habe. Denn in jenen Tagen durfte ein Mann nicht bekennen, daß er einen anderen Mann liebte. Derartige Dinge waren verboten. In England wurde – nur wenige Jahre später – Oscar Wilde dafür ins Gefängnis gesteckt. Und in Rußland war man in diesen Dingen noch viel strenger.

Es ging auch das Gerücht, Tschaikowsky habe einen größeren Skandal am Halse gehabt: irgendein Würdenträger war entschlossen, beim Zaren Beschwerde einzureichen, weil sich Tschaikowsky mit seinem Sohn eingelassen hatte. Tschaikowsky war ein unglaublich sensibler und verletzlicher Mensch. Er stellte sich schon vor, welches Leid dies nach sich ziehen würde. Und er hat offenbar Gift vorgezogen.

Tschaikowsky war mit seinem Bruder und einigen Freunden in einem Restaurant. Er bat den Kellner ausdrücklich um ein Glas Leitungswasser. Zu der Zeit herrschte in St. Petersburg eine Cholera-Epidemie. Sein Bruder bat ihn inständig, nur abgekochtes Wasser zu trinken. Aber Tschaikowsky trank das Wasser in einem Zug, sein Bruder konnte ihn nicht aufhalten.

Laroche erinnerte sich, daß Tschaikowsky „übermäßige Angst vor dem Tode hatte; er fürchtete sich vor allem, das ihn an den Tod erinnerte. Man konnte die Wörter ‚Sarg‘, ‚Grab‘ oder ‚Beerdigung‘ nicht im Beisein Tschaikowskys aussprechen." Laroche fährt fort: „Tschaikowsky war sehr abhängig von Hygiene; auf dem Gebiet war er ein wahrhaftiger Virtuose. Er hatte sich gründlich selbst studiert und sich Gedanken gemacht, was für ihn gesund sei und was nicht; und auf der Basis seiner Selbstbeobachtungen führte er ein strenges Regiment mit sich."

Könnte ein Mann, der so gesundheitsbewußt und übersensibel war wie Tschaikowsky während einer Cholera-Epidemie Leitungswasser getrunken haben? Und außerdem hatte er schon immer Magenprobleme gehabt. Immer wieder schreibt er in seinen Briefen: „Heute hatte ich fürchterliche Diarrhöe." Sehr ähnlich wie Glinka, der in seinen Memoiren häufig über Verdauungsbeschwerden klagte. Das ist ja auch verständlich. Heute bewahren wir Fleisch im Kühlschrank auf, aber früher gab es ja noch keine. Ich erinnere mich, daß meine Mutter früher in Petersburg das Fleisch im Winter aus dem Fenster hängte. Sie hatte dafür extra eine Vorrichtung. Das war die einzige Möglichkeit, das Fleisch frisch zu halten.

Tschaikowsky hatte immer Vichy-Tabletten in seinen Taschen. Sobald er merkte, daß sein Magen nicht in Ordnung war, nahm er Natron ein. Er war sehr besorgt wegen seiner Störungen. Unter keinen Umständen hätte er Leitungswasser getrunken, wenn in Petersburg eine Epidemie herrschte und um ihn herum die Leute an der Cholera starben.

Hat Tschaikowsky Gift geschluckt? Dann wäre sein demonstratives Verhalten in dem Restaurant nur Täuschung gewesen: Seht nur, ich habe gerade choleraverseuchtes Wasser getrunken! Und dann wäre er nach Haus gegangen und hätte dort Gift genommen.

Es ist aber noch eine andere Erklärung möglich. Was, wenn er mit dem Schicksal gespielt hätte? Wenn er das Leitungswasser getrunken hätte, um eine Art „Russisches Roulette" zu spielen: Werde ich Cholera bekommen oder nicht?

Tschaikowsky hatte sich viele Gedanken über Schicksal und Bestimmung gemacht. Das überraschte nicht – schließlich war er ein echter Russe. Russen glauben an das Schicksal, in das fatum. Es gibt schon gute Gründe dafür,

warum dieses infame Spiel mit dem Revolver, in welchem das Schicksal entscheidet, ob die Trommel geladen ist oder nicht, ob ein Schuß ertönt oder nur das „Klick", warum also dieses infame Spiel „Russisches Roulette" genannt wird. Zu Tschaikowskys Zeiten war das Spiel unter russischen Offizieren sehr populär.

Überaus wichtig zu diesem Thema ist, daß die russische Literatur aus den verzweifelten Glücksspielern immer Helden gemacht hat. Puschkin beschreibt einen solchen in *Pique Dame*. Von Puschkin gibt es eine Novelle mit dem Titel *Der Schuß*; darin geht es auch um Schicksal und Glück. Und dann haben wir noch Michail Lermontow, den Tschaikowsky anbetete. Kein Mensch kennt Lermontow hier, aber in Rußland wird er wie Puschkin verehrt. Wir lasen alle seine Werke in der Schule; ich lernte seinen *Dämon* auswendig. Tschaikowsky vertonte Lermontows Gedicht „Die Liebe eines toten Mannes".

Lermontows Roman *Ein Held unserer Zeit* ist in Rußland sehr bekannt und berühmt. Einer der Bände heißt *Der Fatalist*. Das Buch ist eine eindrucksvolle Darstellung des Glücksspiels „Russisches Roulette". Tschaikowsky liebte den Roman *Ein Held unserer Zeit* und las ihn immer wieder. Nun, das ist etwas sehr Russisches – das eigene Leben auf eine Karte setzen, ein tödliches Risiko eingehen! Vielleicht hat Tschaikowsky gedacht – Ah!, ich möchte sehen, was aus mir wird! Wenn alles gut geht, ist es Gottes Wille.

Ja, Tschaikowsky war ein sehr gläubiger Mensch. Und Selbstmord ist eine Todsünde. Ich habe aber einen seiner Briefe gelesen, in welchem er ausdrücklich sagt, er glaube nicht an einen strafenden Gott. Er schrieb auch, daß er Christus Worte „Mein Joch ist süß, und meine Last ist leicht" vertonen möchte. Daraus erkennen wir, daß Tschaikowsky glaubte und hoffte, Gott würde ihm vergeben.

Dennoch hätte er zögern müssen, wollte er an Selbst-mord denken. In jenen schrecklichen Tagen, als Tschai-kowsky verheiratet war, hat er auch schon an Selbstmord gedacht, aber den Plan verworfen. Statt dessen versuchte er, sich eine Erkältung einzufangen, sich tödlich zu verkühlen. Und das ist nun wirklich nicht dasselbe wie Selbstmord begehen.

Es gab in Rußland diese Eremiten. Sie waren wie Heilige, sie lebten ganz allein, in kleinen Klöstern. Sie legten sich in einen Sarg, hörten auf zu essen und zu trinken und starben. Das wurde auch nicht als Selbstmord angesehen. Diese Eremiten glaubten, sie befolgten Gottes Wille. Und sie starben in Frieden.

Ich glaube, Tschaikowsky hatte schon lange darüber nachgedacht, seinem Leben irgendwie ein Ende zu machen. Und ich glaube, daß er die *Pathétique* als eine Art Selbst-mord-Absichtserklärung geschrieben hat. Er schrieb sie, und dann dirigierte er sie selbst; das Dirigat war eine Art Wiederkehr aus dem Jenseits, um zu sehen, was die Leute sagen würden. Er bereitete sich auf seinen Tod vor.

Man darf sich nicht mit eigener Hand töten. Das ist eine Sünde. Und man darf auch nicht sein Leben einfach so beenden, ganz plötzlich, aus Verzweiflung: „Ah, ich lang-weile mich, es ist genug!" Tschaikowsky hat sich nicht gelangweilt. Er ist einen langen Weg gegangen. Er hatte Angst vor dem Alter, vor Gebrechlichkeit und Schwäche. Er machte sich Sorgen, er könnte schon leergeschrieben sein. Er dachte, er würde anfangen, sich in seiner Musik zu wiederholen. Das war natürlich gar nicht so, aber es steht uns nicht zu, über Tschaikowsky zu urteilen. Er wußte, was er tat, und er handelte, als er es für angebracht hielt.

Tschaikowsky war ein feiner Mensch. Er wollte nicht, daß Menschen, die ihm lieb waren, in einen Skandal verwickelt wurden. Er konnte keinen Klatsch um seinen

Namen ertragen. Tschaikowsky gab dem Druck der Gesellschaft nach, er akzeptierte deren grausame Gesetze und
schied aus dem Leben. Man zwang ihn zu sterben.

Wie es genau geschah, wissen wir nicht, und wir werden
es vielleicht nie herausfinden. Aber ist das denn so wichtig?
Um Tschaikowkys Musik zu verstehen, genügt es zu
wissen, daß sich eine große Tragödie ereignet hat.

*Als er einundzwanzig Jahre alt war, schrieb Tschaikowsky
an seine Schwester:* „Wie werde ich einmal enden? Was hält
die Zukunft für mich bereit? Es macht mir Angst, nur daran
zu denken. Ich weiß, daß ich früher oder später (wahrscheinlich früher) nicht mehr in der Lage sein werde, mit den
Schwierigkeiten dieses Lebens fertigzuwerden; dann werde
ich mich selbst in Stücke schlagen."

Man vergißt immer, daß Tschaikowsky in vergleichsweise
jungen Jahren starb. Er war schließlich erst dreiundfünfzig.

Anhang

LEBENSLÄUFE

Mit diesen beiden Lebensläufen von Tschaikowsky und Balanchine soll es dem Leser leichter gemacht werden, die bedeutendsten Werke sowie die Namen und wichtigen Ereignisse der kulturellen und politischen Geschichte Rußlands zeitlich einzuordnen. Die Geburtsdaten von Tschaikowsky und Balanchine sowie das Todesdatum von Tschaikowsky sind nach dem Julianischen Kalender angegeben, der offizillen Zeitrechnung in Rußland bis 1923. Die Daten in Klammern bezeichnen dieselben Tage im Gregorianischen Kalender, der allgemein gebräuchlichen westlichen Zeitrechnung. (SOLOMON VOLKOV).

PETER TSCHAIKOWSKY (1840–1893)

1840

Am 25. April (7. Mai) wird Peter Tschaikowsky in Wotkinsk geboren.

Abschied von Petersburg, Vokalzyklus von Michail Glinka. Nikolai Gogol schreibt in Rom den ersten Band von *Die toten Seelen*. *Ein Held unserer Zeit*, Roman von Michail Lermontow.

1850

Tschaikowsky trifft mit seiner Mutter in Petersburg ein. Anmeldung an der Schule für Jurisprudenz.

Uraufführung in Petersburg von Glinkas *Kamarinskaja* und *Jota aragonesa* (Spanische Ouvertüre). Der sechsjährige Rimski-Korsakow beginnt sein Musikstudium. *Ein Monat auf dem Lande*, Drama von Iwan Turgenjew.

1854

Erste Komposition: *Anastasia Walzer* für Klavier. Tschaikowskys Mutter stirbt an Cholera.

Jugend, Novelle von Lew Tolstoi. Britische, französische und türkische Truppen landen auf der Krim und besetzen Sewastopol (Krimkrieg).

1861

Erste Auslandsreise (Berlin, London, Paris).

Zar Alexander II. schafft die Leibeigenschaft in Rußland ab. Eine Demonstration von Tausenden Einwohnern Warschaus wird von russischen Truppen auseinandergetrieben.

1862

Tschaikowsky tritt in das neu gegründete Petersburger Konservatorium ein. Lernt Herman Laroche kennen.

Turgenjew veröffentlicht *Väter und Söhne*.

1865

Tschaikowsky macht Abschlußprüfung am Petersburger Konservatorium, Silbermdeaille.

1. Sinfonie von Rimski-Korsakow in Petersburg uraufgeführt (Dirigent Mili Balakirew). In einer Zeitschrift beginnt der Abdruck von Tolstois *Krieg und Frieden*. Alexander Glasunow wird geboren. Russische Truppen nehmen Taschkent ein.

1866

1. Sinfonie *(Winterträume)*. Tschaikowsky zieht auf Einladung von Nikolai Rubinstein nach Moskau. Lehrt am neu gegründeten Moskauer Konservatorium.

Verbrechen und Strafe, Roman von Dostojewski. Léon Bakst und Wassili Kandinsky werden geboren.

1868

Tschaikowsky schreibt seine Oper *Der Wojewode*. Reist ins Ausland (Berlin, Paris). Lernt an einem Abend bei Balakirew Rimski-Korsakow kennen.

Es erscheint Dostojewskis Roman *Der Idiot*.

1869

Tschaikowsky schreibt seine Oper *Undine*, die Ouvertüre *Romeo und Julia*, Sechs Lieder op. 6.

Klavierfantasien *Islamey* von Balakirew. Alexander Borodin beginnt seine Oper *Fürst Igor*. Marius Petipa wird zum Chef-Ballettmeister des Kaiserlichen Mariinski Theaters bestellt.

1870

Tschaikowsky schreibt Klavierstücke op. 7., op. 8 und op. 9. Auslandsreisen nach Paris, in die Schweiz, nach Wien.

In Petersburg wird Alexandre Benois geboren. Wladimir Uljanow (Lenin) wird in Simbirsk [heute Uljanowsk] geboren.

1871

Streichquartett Nr. 1. Tschaikowsky engagiert Anatoli Sofronow als seinen Diener. Auslandsreise nach Berlin, Paris, Nizza.

Die Opernkommission des Mariinski Theaters lehnt Mussorgskis Oper *Boris Godunow* ab.

1872

Tschaikowsky schreibt seine 2. Sinfonie, die Oper *Der Opritschnik*, Lieder op. 16.

Mussorgski beginnt mit der Arbeit an seiner Oper *Chowanschtschina*. Es erscheint *Die Dämonen* von Dostojewski. Laroche wird Professor am Petersburger Konservatorium. Serge Diaghilew wird geboren.

1873

Tschaikowsky schreibt die Programmsinfonie *Sturm* (nach Shakespeare). Sechs Klavierstücke op. 19. Auslandsreise nach Dresden, Köln, Zürich, Bern, Turin, Mailand, Paris.

Uraufführung von Rimski-Korsakows Oper *Das Mädchen von Pskow* am Mariinski Theater. Sergej Rachmaninoff wird geboren.

1874

Tschaikowsky schreibt Streichquartett Nr. 2, die Oper *Wakula der Schmied*, Text nach Gogol, 1885 umgearbeitet als *Tscherewitschki (Pantöffelchen)*.

Uraufführung von Mussorgskis *Boris Godunow* am Mariinski Theater. Mussorgskis Vokalzyklus *Ohne Sonne* sowie *Bilder einer Ausstellung* für Klavier. Wsewolod Meyerhold und Nikolas Roerich werden geboren.

1875

Tschaikowsky schreibt sein 1. Klavierkonzert, die 3. Sinfonie, beginnt Ballettmusik zu *Schwanensee* sowie die *Séré-*

nade meláncolique für Violine und Orchester. Reist ins Ausland (Berlin, Genf, Paris).

Der Komponist Sergej Tanejew macht bei Tschaikowsky am Moskauer Konservatorium seine Abschlußprüfung. Mussorgski beginnt seinen Vokalzyklus *Lieder und Tänze des Todes.*

1876

Tschaikowsky beendet Ballettmusik *Schwanensee,* schreibt die Programmusik *Francesca da Rimini* (nach Dante *Göttliche Komödie*). Außerdem: *Variationen über ein Rokokothema* für Cello und Orchester; 12 Klavierstücke *Die Jahreszeiten;* Streichquartett Nr. 3. Beginnt Korrespondenz mit Nadeshda von Meck. Lernt Lew Tolstoi kennen. Reist ins Ausland (Wien, Vichy, Paris, Bayreuth). Lernt Richard Wagner und Franz Liszt kennen.

Borodin beendet seine 2. Sinfonie. Zeitschriftenabdruck *Anna Karenina* von Tolstoi beginnt.

1877

Tschaikowsky komponiert 4. Sinfonie. *Valse-Scherzo* für Violine und Orchester. Uraufführung von *Schwanensee* am Bolschoi Theater. Heirat mit Antonina Miljukowa, Trennung im selben Jahr. Danach monatliche Apanage von Nadeshda von Meck. Reist ins Ausland (Berlin, Genf, Paris, Florenz, Rom, Venedig, Mailand, Genua).

Russisch-Türkischer Krieg (1877/78).

1878

Tschaikowsky schreibt seine Oper *Eugen Onegin* (nach Puschkin). Konzert für Violine und Orchester. Große Klaviersonate. *Kinderalbum,* 24 Klavierstücke. Sechs Lieder op. 38., Liturgie nach St. Johannes Chrysostomos.

Erinnerungen an einen geliebten Ort (Méditation, Scherzo, Melodie). Verläßt das Moskauer Konservatorium. Ferien auf Nadeshda von Mecks Landsitz.

Kasimir Malewitsch wird geboren. Anschlag von Wera Tsasulitsch auf den Petersburger Bürgermeister Trepow schlägt fehl. Chef der Gendarmerie Mesentsew wird von Terroristen getötet.

1879

Tschaikowsky schreibt seine Oper *Die Jungfrau von Orléans* (nach Schiller). Orchestersuite Nr. 1. Reist ins Ausland (Paris, Berlin, Rom).

Fehlgeschlagener Mordversuch an Zar Alexander II.

1880

Tschaikowsky schreibt das *Capriccio italien* für Orchester; 2. Klavierkonzert; *Serenade* für Streichorchester; Ouvertüre *Das Jahr 1812*; Sieben Lieder op. 47. Sein Vater stirbt.

Dostojewski vollendet *Die Brüder Karamasow*. Michail Fokin und Alexander Blok werden in Petersburg geboren. Terroristischer Bombenanschlag im Winterpalast.

1881

Tschaikowsky schreibt *Vespern* für gemischten Chor a capella. Reist ins Ausland (Wien, Florenz, Venedig, Rom, Neapel, Nizza, Paris).

Mussorgski stirbt in Petersburg an Trunksucht. Dostojewski stirbt. Anna Pawlowa, Michail Larionow, Natalja Gontscharowa werden geboren. Zar Alexander II. wird von einer Terroristenbombe getötet; sein Erbe, Alexander III., besteigt den Thron.

1882

Tschaikowsky komponiert das Klaviertrio a-Moll „Dem Andenken Nikolai Rubinsteins gewidmet". Reist ins Ausland (Sorrent, Florenz, Berlin).

Uraufführung von Rimski-Korsakows Oper *Schneeflöckchen* am Mariinski Theater. Uraufführung 1. Sinfonie und 1. Streichquartett von Glasunow. Tschaikowskys Freund Fjodor Strawinsky, Bassist am Mariinski Theater, wird ein Sohn geboren: Igor.

1883

Tschaikowsky schreibt die Oper *Mazeppa* (nach Puschkin), die Orchestersuite Nr. 2, den Krönungsmarsch. Reist ins Ausland (Paris, Berlin).

Turgenjew stirbt in Frankreich.

1884

Tschaikowsky schreibt seine 3. Suite für Orchester, eine Konzertfantasie für Klavier und Orchester; Sechs Lieder op. 57. Uraufführung von *Eugen Onegin* am Mariinski Theater. Reist ins Ausland (Berlin, Paris, Davos, Zürich). Lernt Glasunow kennen.

Es erscheint *Die Beichte* von Tolstoi; von Anton Tschechow die erste Sammlung von Kurzgeschichten.

1885

Tschaikowsky schreibt geistliche Chorwerke und die *Manfred*-Sinfonie (nach Byron).

1886

Tschaikowsky schreibt *Dumka* für Klavier; Zwölf Lieder op. 60. Reist nach Tiflis, dann ans Mittelmeer, nach Marseille und Paris. Lernt Léo Delibes kennen.

Tolstoi beendet *Der Tod des Iwan Iljitsch*. Großfürst Konstantin Romanow veröffentlicht seinen ersten Gedichtband.

1887

Tschaikowsky schreibt seine Oper *Die Zauberin* und die Orchestersuite *Mozartiana;* „Die goldene Wolke schlief" für Chor (nach einem Gedicht von Michail Lermontow); Sechs Lieder op. 63, nach Texten von Großfürst Konstantin. Tschaikowsky beginnt, regeläßig seine Werke selbst zu dirigieren. Konzertreise durch Europa. Dirigert im Gewandhaus zu Leipzig. Lernt Brahms und Grieg kennen.

Uraufführung *Capriccio espagnol* unter der Leitung des Komponisten Rimski-Korsakow. Marc Chagall in der Nähe von Witebsk geboren.

1888

Tschaikowsky schreibt seine 5. Sinfonie; die *Hamlet*-Ouvertüre. Konzertreise durch Europa. Lernt in Berlin Richard Strauß kennen, in Leipzig Gustav Mahler, in Prag Antonín Dvořák.

Uraufführung sinfonische Suite *Schéhérazade* unter der Leitung des Komponisten Rimski-Korsakow. Alexander Skrjabin beginnt Studien am Moskauer Konservatorium. Tschechow veröffentlicht seinen Roman *Die Steppe*.

1889

Tschaikowsky komponiert die Ballettmusik zu *Dornröschen*. Konzertreise durch Europa. Lernt Tschechow kennen, der ihm ein Libretto nach Lermontows *Ein Held unserer Zeit* verspricht.

Anna Achmatowa und Waslaw Nijinsky werden geboren.

1890

Tschaikowsky komponiert die Oper *Pique Dame* (nach Puschkin); das Streichsextett *Erinnerungen an Florenz*. Uraufführung Ballett *Dornröschen* am Mariinski Theater (in der Choreographie von Marius Petipa). Uraufführung der Oper *Pique Dame* am Mariinski Theater. Frau von Meck stellt monatliche Apanage ein. Briefwechsel mit Frau von Meck endet.

Gemälde *Der Dämon* von Michail Wrubel entsteht. Boris Pasternak wird geboren.

1891

Tschaikowsky schreibt die Oper *Jolanthe*. Konzertreise durch Amerika. Dirigat zur Eröffnung der Carnegie Hall.

Rachmaninoff arrangiert Ballettmusik *Dornröschen* für Klavier zu vier Händen. Tolstoi schreibt die Novelle *Kreutzersonate*. Sergej Prokofjew wird geboren.

1892

Tschaikowsky schreibt die Ballettmusik *Der Nußknacker*. Uraufführung *Der Nußknacker* (in der Choreographie von Lew Iwanow) und *Jolanthe* am Mariinski Theater. Reise nach Europa. Besucht in Hamburg Aufführung von *Eugen Onegin* unter der musikalischen Leitung von Gustav Mahler. Nimmt an der Jubiläumsvorstellung zum 50. Jahrestag der Uraufführung von Glinkas *Ruslan und Ludmilla* am Mariinski Theater teil, wo ihn der junge Igor Strawinsky zum ersten Mal sieht.

Skrjabin veröffentlicht seinen Klavierwalzer op. 1.

1893

Tschaikowsky schreibt seine 6. Sinfonie *(Pathétique); sein
3. Klavierkonzert; Achtzehn Klavierstücke op. 72; das
Vokalduett Romeo und Julia* (beendet von Sergej Tanejew).
Besucht die Uraufführung von Rachmaninoffs Oper *Aleko*.
Reist nach Europa. Erhält die Ehrendoktorwürde der Uni-
versität Cambridge. Dirigiert selbst die Uraufführung der
Pathétique in Petersburg. Stirbt am 25. Oktober (6. No-
vember) an Cholera, wie die offizielle Version lautet.
Beigesetzt im Alexander Newski Kloster in Petersburg.

Rachmaninoff komponiert sein Klaviertrio „In
memoriam eines großen Künstlers" (Tschaikowsky).
Russisch-Französisches Militärbündnis geschlossen
(Militärkonvention gegen den Dreibund).

GEORGE BALANCHINE (1904–1983)
(Georgi Melitonowitsch Balantschiwadse)

1904

Am 9. (22.) Januar wird der Familie des georgischen Komponisten Meliton Balantschiwadse ein Sohn geboren, Georgi.

Uraufführung von Tschechows Drama *Der Kirschgarten* im Moskauer Künstlertheater. Es erscheint Alexander Bloks erster Band *Verse von der Schönen Dame*. Natalja Gontscharowa malt ihre *Madonna*.

1913

B. beginnt Studium an der Kaiserlichen Petersburger Bühnenschule in Petersburg.

Diaghilews Truppe „Russische Jahreszeiten" führt in Paris *Daphnis und Chloë* von Ravel auf (Choreographie Michail Fokin) sowie *Le Sacre du printemps* von Strawinsky (in der Choreographie von Waslaw Nijinsky, Bühnenbild und Kostüme von Roerich). Alexander Skrjabin spielt zum ersten Mal seine Klaviersonaten Nr. 9 und Nr. 10. Ossip Mandelstams erste Gedichtsammlung wird veröffentlicht. Uraufführung der futuristischen Oper *Sieg über die Sonne* von Matjuschin, Krutschonych und Malewitsch (mit finanzieller Unterstützung von Schewerschejew und Fokins älterem Bruder Alexander).

1917

Zar Nikolaus II. wird in Petrograd vom Thron gefegt. Acht Monate später ergreifen die Bolschewiken unter Lenin die Macht.

1920

B. nimmt seine Studien am Konservatorium von Petrograd auf und besucht dort – bis 1923 – die Klavier- und Kompositionsklasse.

Meyerhold stellt seine Produktion *Dämmerungen* nach einem Drama von Emile Verhaeren vor (Ausstattung von Wladimir Dmitriew). In Rußland endet der Bürgerkrieg.

1921

B. macht die Abschlußprüfung an der Bühnenschule und wird in das Ballett am Mariinski Theater aufgenommen.

Diaghilew inszeniert *Dornröschen* in London; etliche Nummern werden von Strawinsky instrumentiert. Anna Achmatowa veröffentlicht Gedichtsammlungen *Wegerich* und *Anno domini MCMXXI*. Gedichtsammlung *Alexandrinische Gesänge* von Michail Kusmin.

Alexander Blok stirbt in Petrograd. Die „Neue Ökonomische Politik" (NÖP) wird in Rußland eingeführt.

1922

Erste Auftritte von Balanchines Jungem Ballett.

Kasjan Goleisowski und sein Moskauer Studio gehen mit einem Programm experimenteller Ballette an die Öffentlichkeit. Fjodor Lopuchow wird Künstlerischer Direktor des Mariinski Theaterballetts. Uraufführung von Strawinskys Oper *Mawra*. Stanislawski bewerkstelligt eine experimentelle Aufführung von Tschaikowskys *Eugen Onegin*.

1923

B. tritt in Fjodor Lopuchows „Tanz-Sinfonie" auf.

Dmitri Schostakowitsch macht Abschlußprüfung im Klavierfach am Konservatorium Petrograd.

1924

B. verläßt Rußland mit Tamara Schewerschejewa, Alexandra Danilowa und Nikolai Efimow. Wird als Georges Balanchine Mitglied der Compagnie von Diaghilew.

Poulencs Ballett *Les Biches (Die Hindinnen)* wird von Diaghilews „Ballets Russes de Monte Carlo" in der Choreographie von Bronislawa Nijinska aufgeführt. Rachmaninoff gibt Klavierabende in London. Jewgeni Samjatins Roman *Wir* wird in England veröffentlicht. Léon Bakst stirbt in Paris. Lenin stirbt in Moskau.

1925

B. choreographiert Uraufführung von Ravels Oper *L'Enfant et les sortilèges (Das Zauberwort)* und eine neue Version von Strawinskys Ballett *Le Chant du rossignol.*

1928

B. choreographiert Strawinskys Ballett *Apollon Musagète.*

Meliton Balantschiwadse komponiert den Georgischen Nationalmarsch. Glasunow verläßt Rußland. Der Künstler Georges Jakulow stirbt in Jerewan.

1929

B. choreographiert Prokofjews Ballett *Der verlorene Sohn.*

Diaghilew stirbt in Venedig. Michail Kusmins letzte Gedichtsammlung *Die Forelle zerschlägt das Eis* erscheint in Leningrad.

1933

B. choreographiert *Mozartiana* nach Musik von Tschaikowsky. Siedelt auf Einladung Kirsteins nach Amerika
über.

Der russische Schriftsteller und Emigrant Iwan Bunin
erhält den Nobelpreis. Hitler kommt in Deutschland
an die Macht. Präsident Roosevelt nimmt diplomati-
sche Beziehungen mit der Sowjetunion auf.

1935

Uraufführung des Balletts *Serenade* nach Musik von
Tschaikowsky.

Fjdor Lopuchow choreographiert Schostakowitschs
Ballett *Der helle Bach* für das Bolschoi Theater.
Balanchines jüngerer Bruder, Andrej Balantschi-
wadse, nimmt – nach seiner Abschlußprüfung am
Leningrader Konservatorium 1931 – eine Stellung als
Kompositionslehrer am Konservatorium von Tiflis
an. Kasimir Malewitsch stirbt.

1937

B. choreographiert Strawinskys Ballette *Le Baiser de la fée
(Kuß der Fee)* und *Jeu de cartes (Kartenspiel)* für das
Strawinsky-Festival an der Metropolitan Opera.

Meliton Balantschiwadse stirbt in Georgien.

1940

Hindemith komponiert als Auftragswerk für B. *Die vier
Temperamente*.

In Leningrad Uraufführung von Prokofjews *Romeo
und Julia* in der Choreographie von Michail Law-
rowski (mit Galina Ulanowa und Konstantin Sergejew). Strawinskys Sinfonie in C.

1941

B. choreographiert *Kaiserliches Ballett* nach Tschaikowskys Klavierkonzert Nr. 2.

Hitler überfällt die Sowjetunion.

1945

B. choreographiert den *pas de deux* aus Tschaikowskys *Dornröschen*.

Hitler-Deutschland kapituliert.

1947

B. choreographiert Themen und Variationen nach Tschaikowskys Suite Nr. 3.

Nikolas Roerich stirbt.

1948

B. macht die Choreographie für die Uraufführung von Strawinskys *Orpheus* – ein Auftrag von Kirstein. Erste Vorstellungen des New York City Ballet.

In der Sowjetunion werden Prokofjew, Schostakowitsch und Chatschaturjan wegen Formalismus verboten. In Moskau stirbt Wladimir Dmitriew, einer der Gründer des Jungen Balletts.

1951

Das New York City Ballet führt den zweiten Akt von *Schwanensee* auf.

1953

B. choreographiert *Valse Fantasie* von Glinka.

Stalin und Prokofjew sterben am selben Tag. Andrej Balantschiwadse wird Vorsitzender des Komponistenverbandes von Georgien. Wladimir Tatlin stirbt.

1954

B. choreographiert Tschaikowskys *Nußknacker.*

1956

B. choreographiert *Allegro Brillante* nach Tschaikowskys Klavierkonzert Nr. 3.

1957

B. choreographiert Strawinskys Ballett *Agon;* Strawinsky widmete es Lincoln Kirstein und George Balanchine.

Pawel Tschelitschew stirbt in Rom. Mstislaw Dobudschinski stirbt in New York.

1958

B. choreographiert *Waltz-Scherzo* nach Musik von Tschaikowsky.

Boris Pasternak verweigert auf Drängen der sowjetischen Behörden die Annahme des Nobelpreises.

1960

B. choreographiert den *pas de deux* aus Tschaikowskys *Schwanensee.*

Alexandre Benois stirbt in Paris.

1962–1963

Das New York City Ballet bereist die Sowjetunion. Balanchine kehrt nach 38 Jahren nach Moskau und Leningrad zurück; besucht zum ersten Mal in seinem Leben Georgien;

trifft mit seinem Bruder zusammen. Inszeniert Tschaikowskys *Eugen Onegin* in Hamburg. Choreographiert *Movements für Piano und Orchester* von Strawinsky und *Méditation* von Tschaikowsky.

Strawinskys triumphaler Besuch in der Sowjetunion, wo der Komponist von Ministerpräsident Nikita Chruschtschow empfangen wird. Die Leningrader Philharmoniker unter Jewgeni Mrawinski machen eine Amerika-Tournee. Natalja Gontscharowa stirbt in Paris.

1969
B. inszeniert Glinkas Oper *Ruslan und Ludmilla* in Hamburg.

1970
B. choreographiert Tschaikowskys Suite Nr. 3.

Kasjan Goleisowski stirbt in Moskau.

1971
Strawinsky stirbt in Venedig.

1972
B. choreographiert Ballette nach mehreren großen Werken von Strawinsky für ein Strawinsky-Festival. Zweite Tournee des New York City Ballet in die Sowjetunion.

Bronislawa Nijinska stirbt in Los Angeles.

1975
Ravel-Festival des New York City Ballets.

Dmitri Schostakowitsch stirbt in Moskau.

1981

B. choreographiert mehrere Werke für das Tschaikowsky-Festival des New York City Ballets.

1982

Das New York City Ballet veranstaltet ein Strawinsky-Festival zum einhundertsten Geburtstag des Komponisten.

1983

B. erhält die „Presidential Medal of Freedom", die höchste zivile Ehrung in den Vereinigten Staaten. Am 30. April stirbt Balanchine in New York.

Bildnachweis

Register

219